진짜 진짜 재밌는 **곤충 그림책**

3판 1쇄 발행 2023년 4월 5일 | **3판 4쇄 발행** 2024년 11월 28일
지음 수잔 바라클로우 | **일러스트** 조 코넬리 | **옮김** 고호관 | **감수** 유정선(국립생물자원관)
펴낸이 변태식 | **펴낸곳** ㈜라이카미
책임편집 김현진 | **책임디자인** 김미지
총괄 박승열 | **마케팅사업부** 김대성 | **경영관리부** 고혜미
총제작 ㈜지에스테크 | **지류** 성진페이퍼

대표전화 02-564-6006 | **팩스** 02-564-8626
주소 서울시 강남구 개포로140길 28 3층
이메일 editor@laikami.com
신고번호 제2005-000355호 | **신고일자** 2005년 12월 8일
ISBN 979-11-90808-49-1 (74030)

BUGS: The World's Most Terrifying Insects
Copyright © 2005 IMP AB
Illustration © IMP AB
Korean edition copyright © 2014 LAIKAMI
This edition is published by arrangement with Amber Books Ltd.
All right reserved.

• 이 책의 한국어판 저작권은 Amber Books Ltd.와의 독점 계약으로 ㈜라이카미에 있습니다.
• 저작권법에 의해 한국 내에서 보호를 받는 저작물이므로 무단전재와 무단복제를 금합니다.
• 파본은 구입하신 곳에서 교환해 드립니다.

진짜진짜 재밌는 곤충그림책

그림으로 배우는 신기한 지식 백과

BUGS 수잔 바라클로우 지음 | 조 코넬리 일러스트 | 고호관 옮김 | 유정선 감수

LAIKAMI
라이카미

머리말

지구에 가장 많이 사는 동물이 무엇인지 알고 있나요?
그건 바로 '곤충'이에요. 곤충은 지구에 사는 동물의 70% 정도를 차지해요. 종류가 100만 가지도 넘고, 해마다 계속해서 새로운 종이 발견되고 있지요. 그런 만큼 세계 어디에나 있으며, 생물이 살 수 없을 것 같은 극한 환경에서도 살고 있답니다.

곤충은 몸이 '머리, 가슴, 배' 세 부분으로 나뉜 동물을 말해요. 그리고 더듬이 한 쌍(2개)과 겹눈 한 쌍(2개), 날개 2쌍(4개), 다리 3쌍(6개)을 가지고 있지요. 하지만 간혹 날개가 아예 없거나 단단한 등껍질로 퇴화된 곤충도 있고, 한 쌍의 날개만 가진 곤충도 있어요. 또 노린재처럼 뾰족한 빨대 같은 주둥이를 가진 곤충도 있고, 딱정벌레처럼 튼튼하고 집게 같은 턱을 가진 곤충도 있답니다. 모두 자기가 살아가는 환경과 먹이에 맞춰 제각기 다른 모습을 갖기 때문이지요.

나비나 나방 같은 곤충은 겉모습이 아름답지만, 어떤 곤충은 그렇지 않아요. 빈대나 바퀴벌레 같은 곤충들은 우리가 곤히 잠을 자는 사이에 피를 빨아 먹고 나쁜 세균들을 옮겨요. 또 어떤 곤충은 나무로 지어진 집을 허물어서 사람을 위험에 빠트리고, 농부가 정성껏 가꾼 옥수수밭이나 밀밭을 겨우 몇 분 만에 엉망으로 만든답니다.

하지만 곤충이 이렇게 우리를 힘들게만 하는 건 아니에요. 사실 곤충은 우리가 미처 보지 못하는 곳에서 매우 중요한 일을 하고 있어요. 벌과 같은 곤충은 식물과 꽃의 수정을 도와요. 개미와 풍뎅이는 땅속을 들어갔다 나왔다 하며 흙에 빗물과 공기가 들어가게 해서, 작물이 풍성하게 열릴 수 있도록 도와준답니다. 또 어떤 곤충들은 죽은 곤충이나 식물을 깨끗하게 먹어 치우는 청소부 역할을 하지요.

이 책에는 이처럼 제각기 다른 모습으로, 바쁘게 살아가는 곤충들의 이야기가 가득 담겨 있어요. 지금부터 곤충들의 신기하고 놀라운 이야기에 눈과 귀를 집중해 보세요. 그리고 책을 다 읽은 뒤에는 돋보기를 들고 집 밖으로 나가는 거예요. 아파트나 학교 앞 화단에서, 작은 도랑이나 탄천에서, 공원의 잔디밭에서 어렵지 않게 곤충들을 만날 수 있답니다. '이렇게 가까이에 살고 있었나?' 하고 깜짝 놀라게 될 거예요!

차례

나비목, 벌목

아프리카탈박각시	10
나무결재주나방 애벌레	12
재주나방 애벌레	14
거품불나방	16
나나니	18
꿀벌잡이노래기벌	20
살인벌	22
대모벌	24
굼벵이벌	26
말벌	28
점박이땅벌	30
쌍살벌	32
맵시벌	34

딱정벌레목

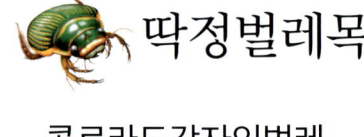

콜로라도감자잎벌레	38
어릿광대하늘소	40
유리알락하늘소	42
가랑잎하늘소	44
송곳니먼지벌레	46
폭탄먼지벌레	48
보라딱정벌레	50
헤라클레스장수풍뎅이	52
코끼리장수풍뎅이	54
소똥구리	56
골리앗꽃무지	58
유럽사슴벌레	60
방아벌레	62
길앞잡이	64
배물방개붙이	66
반날개	68
검정수염송장벌레	70
물땡땡이	72
밤바구미	74
기린바구미	76
가뢰	78
나미브사막거저리	80
미국사막거저리	82

 **메뚜기목, 사마귀목, 바퀴목, 대벌레목**

멋쟁이메뚜기	86
사막메뚜기	88
유럽여치	90
갑옷땅여치	92
사가페도	94
자이언트웨타	96
땅강아지	98
항라사마귀	100
꽃사마귀	102
바퀴벌레	104
마다가스카르휘파람바퀴	106
나무흰개미	108
남부두줄대벌레	110
매클레이대벌레	112
잎사귀벌레	114

 노린재목

매미	118
뿔매미	120
악어머리뿔매미	122
쥐머리거품벌레	124
노린재	126
침노린재	128
사마귀침노린재	130
키싱버그	132
쐐기노린재	134
넓적노린재	136
소금쟁이	138
물장군	140
장구애비	142
두꺼비장구애비	144
빈대	146
선녀벌레 애벌레	148
진딧물	150

나비목·벌목 Lepidoptera·Hymenoptera

나방과 벌, 말벌은 모두 하늘을 나는 곤충이에요. 나방은 나비와 함께 '나비목'에 속해 있고, 벌과 말벌은 '벌목'에 속해 있어요. 나비목과 벌목 곤충들은 '알 ⇨ 애벌레(유충) ⇨ 번데기 ⇨ 어른벌레(성충)' 순으로 탈바꿈을 하는 특징이 있어요. 이런 과정을 '완전 탈바꿈'이라고 하지요. 지금부터 이 곤충들이 어떻게 먹이를 먹고 어떻게 새끼를 낳아 기르는지 알아볼까요?

나비목 01

아프리카탈박각시
African Death's-head Hawkmoth

무늬
등판에 탈이나 해골 같은 무늬가 있어서 무시무시해 보여요.

다리
끝에 작은 갈고리가 있어서 나무나 벽에 매달릴 수 있어요.

더듬이
더듬이로 몇 킬로미터나 떨어진 곳에서 나는 냄새도 맡을 수 있어요.

아프리카탈박각시 이야기

뒷날개
위험을 느끼면 화려한 뒷날개를 활짝 펼쳐서 적을 깜짝 놀라게 해요.

탈박각시는 꿀을 매우 좋아하는 나방이에요. 벌들이 열심히 모은 꿀을 훔쳐 먹어서, '강도벌'이라는 별명까지 생겼지요. 탈박각시는 더듬이로 달콤한 꿀 냄새가 나는 벌집을 찾아냈어요. 문지기 벌들이 그 앞을 막아섰지만, 무늬나 주둥이에서 나는 소리가 여왕벌과 너무 비슷해서 깜빡 속고 말아요. 문지기 벌들을 속인 탈박각시는 여왕벌처럼 자유롭게 벌집을 돌아다니면서 주둥이로 신나게 꿀을 빨아 먹어요.

날개
날개를 펄럭이면서 날면 윙윙 하는 소리가 나요.

아프리카탈박각시의 특징

실제 크기 ▶

길이 : 애벌레는 12cm, 어른벌레는 4~5cm
먹이 : 애벌레는 가짓과 식물, 어른벌레는 꿀과 나무즙
수명 : 애벌레로 4~6개월, 어른벌레로 2~3개월
사는 곳 : 아프리카, 유럽, 서아시아

나비목 02 나무결재주나방 애벌레 Puss Moth

눈 무늬
커다란 가짜 눈으로 적을 겁줘서 물리쳐요.

진짜 다리
앞에 있는 3쌍이 진짜 다리지만 걷는 데 쓰지 않아요. 손처럼 먹이를 붙잡는 데 사용해요.

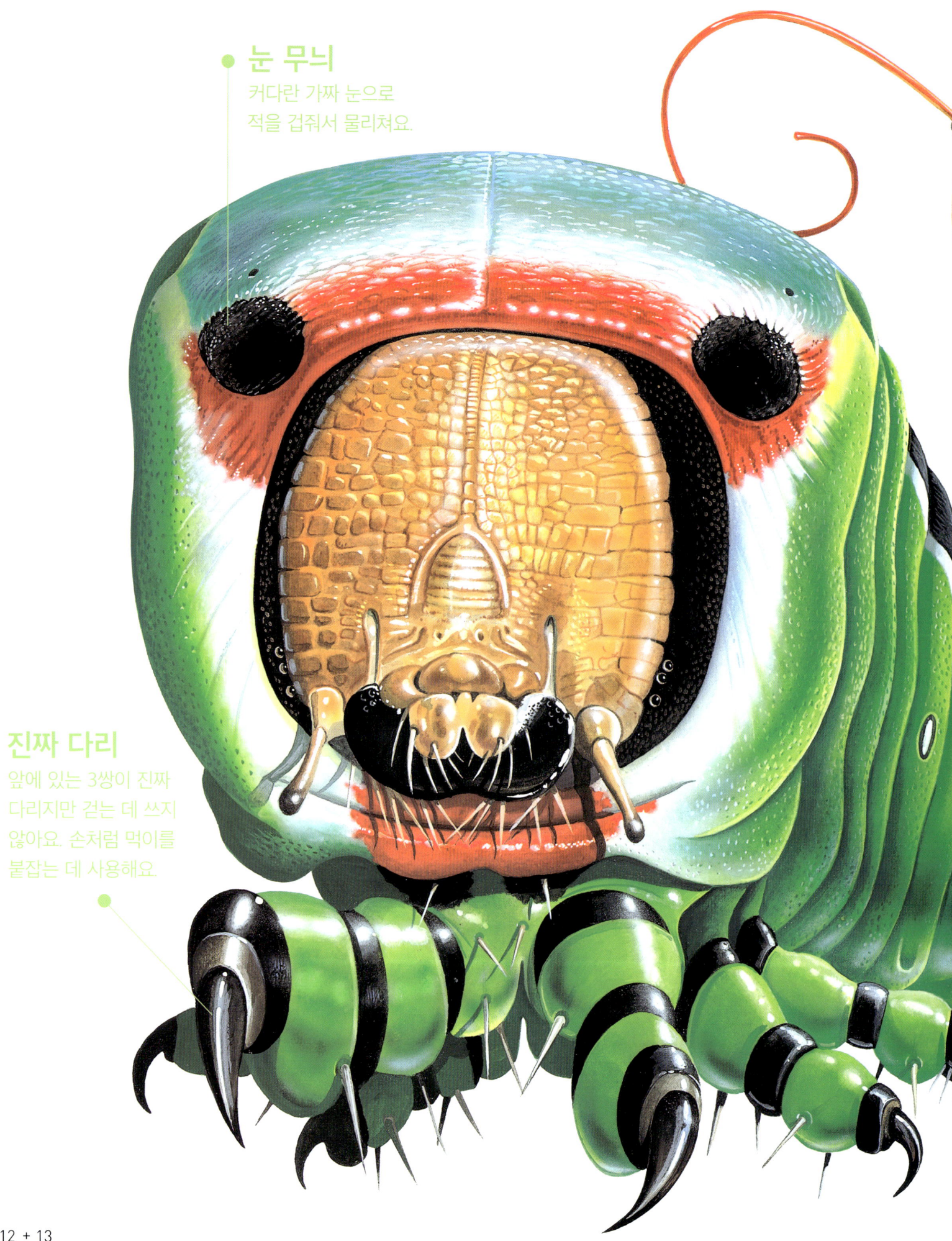

꼬리
적이 다가오면 채찍 같은 2개의 꼬리를 흔들어서 겁을 줘요.

등
짙은 무늬가 있어서 나뭇잎 위에 있으면 잎이 말린 것처럼 보여요.

걷는다리
살로 된 4쌍의 다리로 움직여요. 작은 갈고리가 있어서 나무를 잘 붙잡을 수 있어요.

나무결재주나방 애벌레 이야기

세상에는 정말 수많은 애벌레가 태어나요. 하지만 그 모두가 어른벌레가 될 수는 없답니다. 새나 다른 곤충들에게 잡아먹히고 말거든요. 그래서 나무결재주나방 애벌레는 얼굴을 무기로 만들었어요. 적이 나타나면 가짜 눈이 있는 머리를 크게 부풀리면서 긴 꼬리를 무섭게 흔드는 거예요! 그러면 대부분은 겁을 먹고 물러나지요. 무사히 살아남은 애벌레는 늦은 여름이나 초가을이 되면 몸 주위에 고치를 만들고 잠을 자요. 그리고 시간이 지나면, 멋진 나방의 모습이 되어 하늘로 날아가지요.

나무결재주나방 애벌레의 특징

- 길이 : 애벌레는 최대 6.5cm
- 먹이 : 버드나무, 미루나무의 잎
- 수명 : 애벌레로 1년, 어른벌레로 4개월
- 사는 곳 : 한국, 일본, 중국, 러시아, 유럽

나비목 03 재주나방 애벌레 Lobster Moth

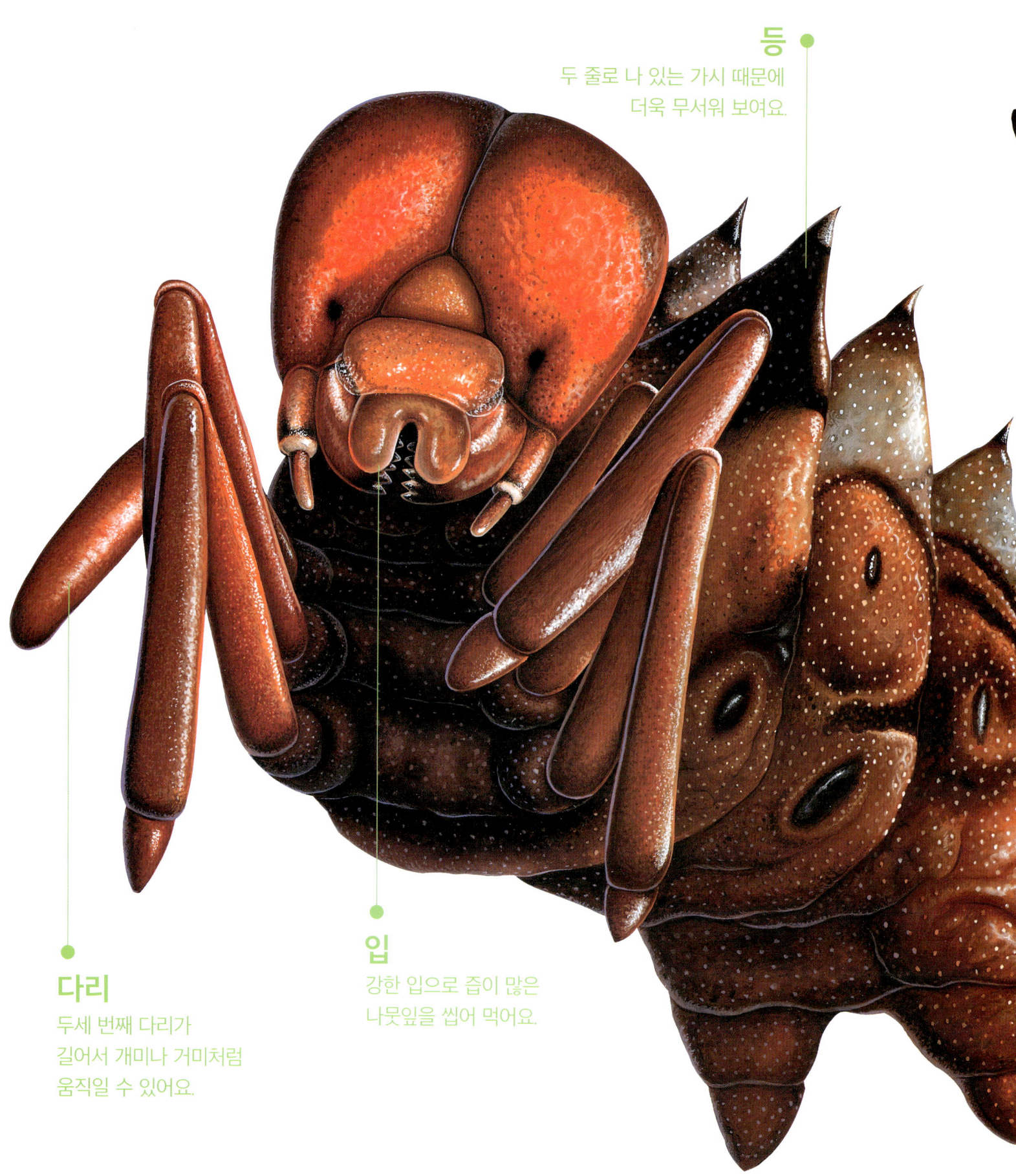

등
두 줄로 나 있는 가시 때문에
더욱 무서워 보여요.

입
강한 입으로 즙이 많은
나뭇잎을 씹어 먹어요.

다리
두세 번째 다리가
길어서 개미나 거미처럼
움직일 수 있어요.

재주나방 애벌레 이야기

재주나방 애벌레는 특이하게 생겼어요. 알에서 갓 나왔을 때는 개미처럼 보이는데, 자랄수록 색깔이 적갈색이 되고 끝부분이 길어져서 바닷가재처럼 보여요. 그래서 영어로는 '랍스터 나방'이라고 하지요. 재주나방 애벌레는 적이 나타나면 곧장 머리와 가슴을 세우고 긴 다리를 움직여서 거미인 척해요. 그래도 적이 물러나지 않으면 전갈처럼 위로 번쩍 든 배 끝에서 따가운 산성 액체를 뿌려서 멀리 쫓아내요.

재주나방 애벌레의 특징

실제 크기 ▼

길이 : 애벌레는 최대 7.5cm
먹이 : 애벌레는 나뭇잎, 어른벌레는 꽃꿀
사는 곳 : 유럽과 아시아의 온대 지역

- **꼬리**
  평평하면서 볼록하게 부풀어서 바닷가재와 닮아 보여요.

- **걷는다리**
  5쌍의 가짜 다리예요.
  몸의 뒷부분을 지탱해요.

나비목 04 거품불나방 Frothing Tiger Moth

거품 분비샘
커다란 소리와 함께 노란 거품을 내뿜어서 적을 물리쳐요.

뒷날개
적이 나타나면 앞날개를 들어서 화려한 색깔의 뒷날개를 보여 줘요.

입
길고 휘어진 빨대 같은 주둥이로 식물의 즙을 빨아 먹어요.

진동막
한 쌍의 북 같은 기관이 있어서 박쥐가 내는 음파를 들을 수 있어요.

거품불나방 이야기

거품불나방은 크기가 작은 나방이에요. 그래서 모두들 '쉽게 잡아먹을 수 있겠는걸?' 하고 생각하지만, 실제로 공격에 성공하는 동물은 많지 않아요. 애벌레는 식물에서 강력한 독을 뽑아낼 수 있고, 다 자란 거품불나방은 화려한 뒷날개를 펼쳐 보이면서 "난 독을 가진 나방이야! 가까이 오지 마!" 하고 경고하거든요. 그래도 안 되면 커다란 소리와 함께 지글지글 끓는 노란색 거품을 내뿜어서 더 이상 다가오지 못하게 한답니다.

더듬이
더듬이로 적이나 먹이의 냄새를 맡을 수 있어요.

거품불나방의 특징

실제 크기 ▶

- **길이** : 최대 2.5cm
- **먹이** : 애벌레는 식물, 어른벌레는 꽃꿀
- **수명** : 1년
- **사는 곳** : 남극을 뺀 모든 곳

벌목 05 나나니 Sand Wasp

눈
커다란 겹눈은 사냥을 하는 데 꼭 필요해요.

턱
집게처럼 생긴 강한 턱을 손처럼 사용해서 땅도 파고 먹이도 날라요.

앞다리
앞다리 안쪽에 난 긴 털은 땅을 팔 때 도움이 돼요.

나나니 이야기

나나니 암컷이 크고 포동포동한 애벌레를 잡았어요. 암컷은 독으로 애벌레를 마비시킨 다음, 미리 파 놓은 땅굴까지 끌고 가요. 나나니 암컷은 자기보다 10배나 무거운 먹이도 끌고 갈 수 있거든요. 암컷은 굴 속에 애벌레를 넣고 알을 낳은 뒤, 모래와 작은 돌로 입구를 막아요. 얼마 뒤 알에서 나온 나나니 애벌레는 엄마가 놓고 간 애벌레를 파먹으면서 쑥쑥 자라요. 다 먹을 때쯤이면 엄마가 또 새 먹이를 갖다 준답니다.

나나니의 특징

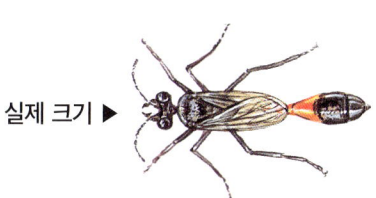

실제 크기 ▶

길이 : 최대 1.5~3.5cm
먹이 : 애벌레는 다른 애벌레, 어른벌레는 꽃꿀
수명 : 어른벌레가 된 뒤 여름 한철
사는 곳 : 뉴질랜드와 남아메리카, 아주 추운 지역을 뺀 모든 곳

허리
가느다랗고 아주 유연해서 좁은 굴속에서도 몸을 돌릴 수 있어요.

벌목 06 꿀벌잡이노래기벌 Bee-killer Wasp

눈
작은 수정체가 빽빽하게 모여서 겹눈을 이뤄요.

앞발
땅을 팔 수 있도록 작은 가시가 나 있어요.

더듬이
더듬이로 주위 환경을 느끼고 공기 중의 냄새를 맡아요.

침
날카로운 침으로 꿀벌의 몸을 뚫고 독을 넣어요.

꿀벌잡이노래기벌 이야기

꿀벌잡이노래기벌은 이름 그대로 꿀벌을 사냥하는 벌이에요. 꿀벌 역시 뾰족한 침을 가지고 있어서 위험하지만, 새끼들을 먹이기 위해 용감하게 싸우는 것이지요! 꿀벌잡이노래기벌은 바람에 실려 온 냄새를 맡고 꿀벌을 찾아 나서요. 엎치락뒤치락하는 싸움 끝에 꿀벌을 잡는 데 성공하면, 얼른 독이 든 침으로 찔러요. 그런 다음 꿀벌의 입에서 나오는 즙을 빨아 먹고, 새끼들에게 살아 있는 꿀벌을 주기 위해 부지런히 날아간답니다.

꿀벌잡이노래기벌의 특징

실제 크기 ▶

길이 : 암벌은 최대 2cm, 수벌은 최대 1.3cm
먹이 : 애벌레는 꿀벌, 어른벌레는 꽃꿀과 꽃가루
수명 : 어른벌레는 7월부터 9월까지 볼 수 있음
사는 곳 : 유럽, 아시아, 아프리카

벌목 07 살인벌 Killer Bee

턱
턱을 손처럼 사용해서 집을 지어요.

배
여왕벌은 일벌(암벌)에 비해서 배 길이가 매우 길어요.

날개
투명하고 옅은 노란색을 띠어요.
날개를 빠르게 진동해서 윙 하는 소리를 내요.

종류
꿀을 더 많이 얻으려고 유럽꿀벌과 아프리카꿀벌을 교배시킨 종이에요.

침
일벌과 여왕벌에게만 독침이 있어요.

살인벌 이야기

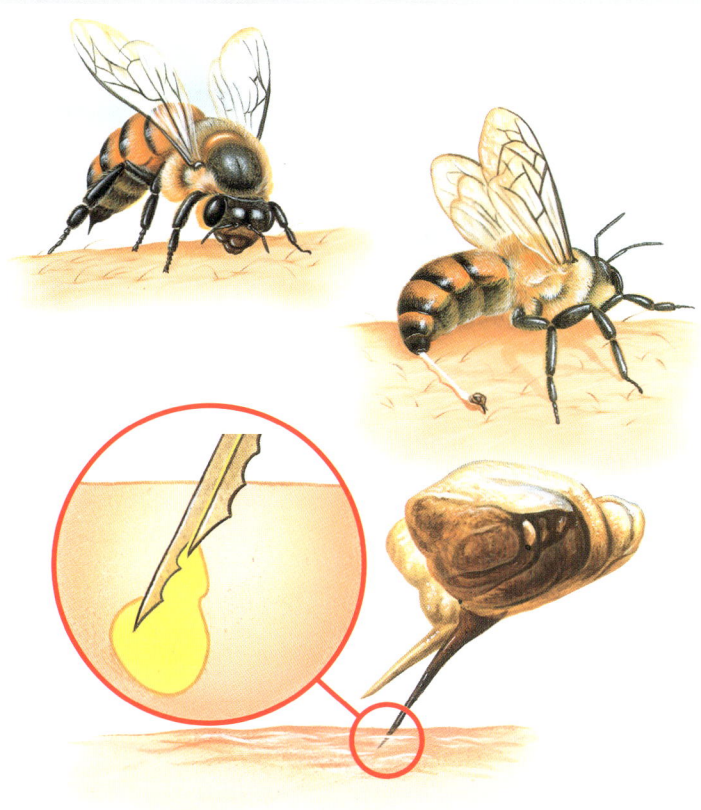

이 벌은 꿀벌이지만 공격성이 매우 강해요. 누가 다가가기만 해도 순식간에 떼를 지어서 공격한답니다. 독이 센 편은 아니지만, 너무 많이 쏘이면 사람도 죽을 수 있어요. 그래서 '아프리카화꿀벌'이라는 이름 대신 '살인벌'이라는 끔찍한 별명으로 더 유명해졌지요. 그런데 꿀벌은 침을 딱 한 번만 쏠 수 있어요. 침이 바늘처럼 매끈하지 않고 톱날처럼 생겨서, 한 번 박히면 잘 빠지지 않거든요. 결국 몸에서 침이 뽑힌 꿀벌은 서서히 목숨을 잃게 돼요.

살인벌의 특징

실제 크기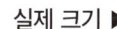

길이 : 일벌은 최대 1.3cm, 여왕벌은 최대 2cm
먹이 : 꽃꿀, 꽃가루
수명 : 일벌은 20일, 여왕벌은 4~5년
사는 곳 : 미국 남부에서 남아메리카

벌목 08 대모벌 Spider Wasp

눈
커다란 겹눈으로 먹이를 잘 찾을 수 있어요. 거미보다 시력이 좋아요.

날개
힘이 세서 큰 거미도 들고 날아갈 수 있어요.

다리
거미를 잡을 수 있는 갈고리가 있어요.

입
강하고 날카로워서 공격할 때도 좋고 땅을 파기도 좋아요.

침
몸을 마비시키는 독이 나와요.

대모벌 이야기

보통 거미집에서 곤충을 잡아먹는 건 거미예요. 하지만 대모벌은 거꾸로 거미집에서 거미를 잡아먹는답니다. 어떻게 잡아먹냐고요? 대모벌은 거미줄에 달라붙지 않는 특별한 능력이 있거든요! 먼저 대모벌은 거미줄을 잡아 뜯어서, 거미가 안전한 집에서 스스로 나가게 만들어요. 그리고 거미의 무시무시한 독니를 요리조리 피하면서, 침으로 거미를 찔러요. 이제 남은 일은 새끼들이 기다리는 곳으로 거미를 들고 날아가는 것뿐이랍니다.

대모벌의 특징

실제 크기 ▶

길이 : 1.2~2.5cm
먹이 : 애벌레는 거미, 어른벌레는 꽃꿀
습성 : 암컷이 부지런하게 거미 사냥을 다님
사는 곳 : 전 세계

벌목 09 굼벵이벌 Tiphiid Wasp

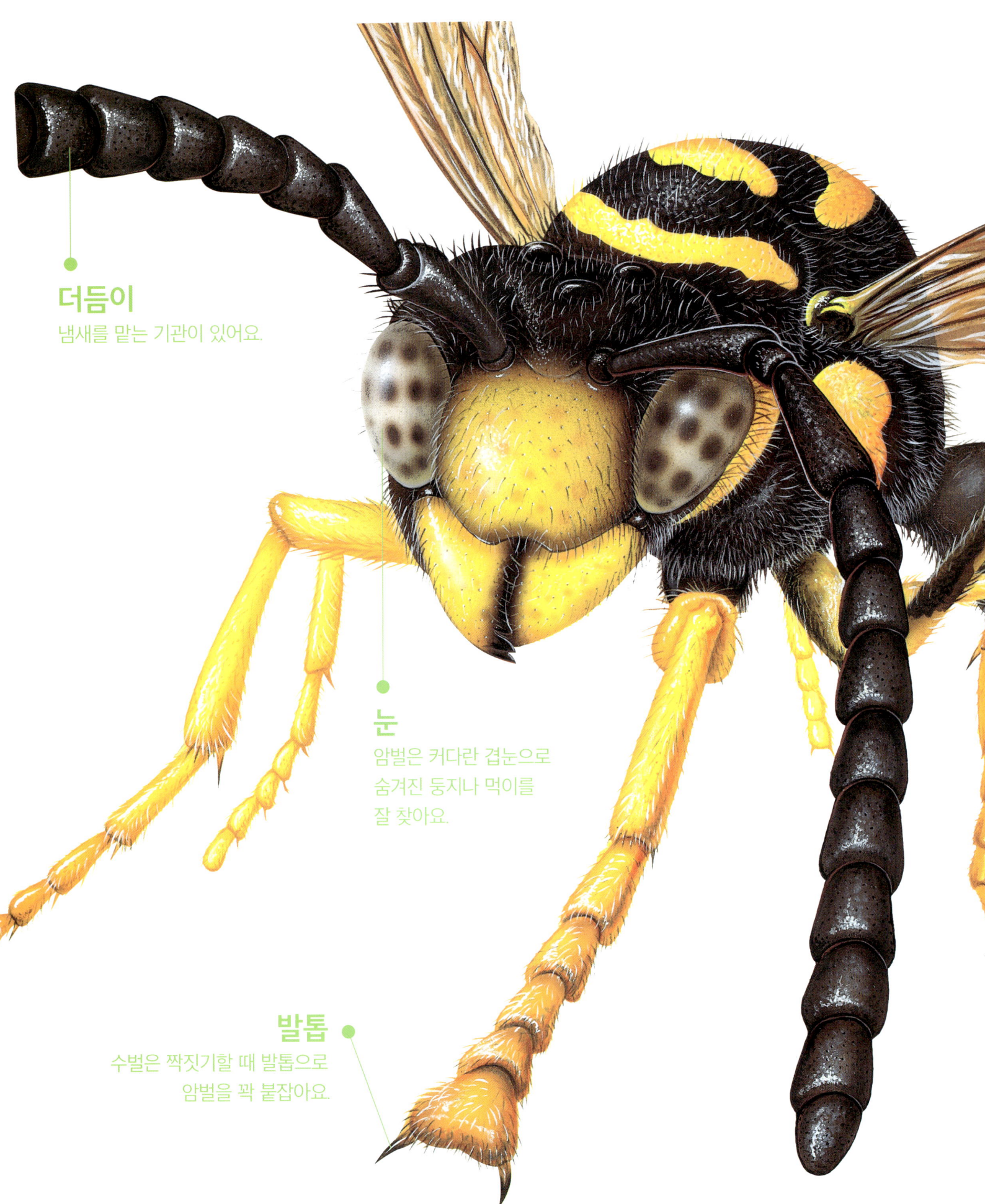

더듬이
냄새를 맡는 기관이 있어요.

눈
암벌은 커다란 겹눈으로 숨겨진 둥지나 먹이를 잘 찾아요.

발톱
수벌은 짝짓기할 때 발톱으로 암벌을 꽉 붙잡아요.

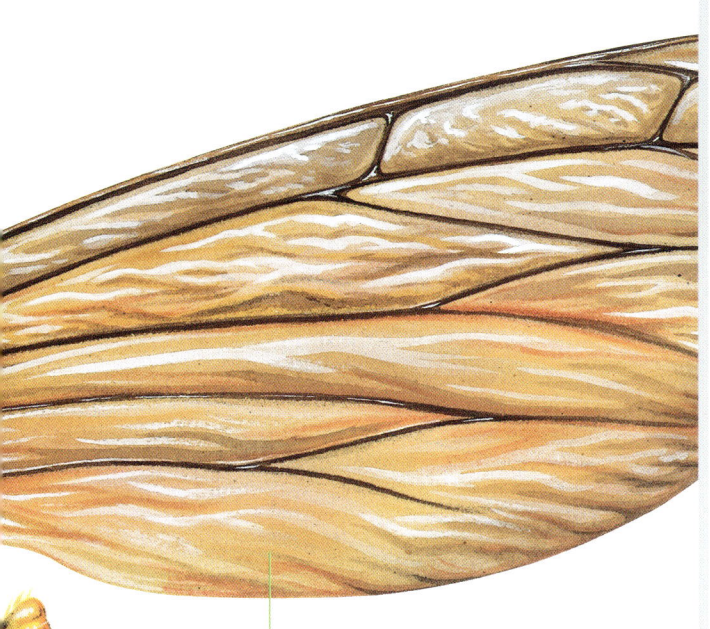

날개
암벌 중에는 날개가 없는 벌도 있어요. 그래서 걸어 다니면서 사냥해요.

침
상대를 마비시키는 강한 독이 들어 있어요.

굼벵이벌 이야기

굼벵이벌은 수벌과 암벌이 일을 나누어 해요. 수벌은 꽃을 찾아다니며 꿀을 모으고, 암벌은 새끼에게 줄 먹이를 구하러 다른 곤충의 애벌레와 치열한 싸움을 벌여요. 배고픈 길앞잡이 애벌레가 굼벵이벌 암컷을 만났어요. 애벌레는 얼른 공격했지만 벌의 허리가 너무 가늘어서 붙잡지 못했어요. 그때 굼벵이벌이 독침으로 찔렀고, 애벌레는 꼼짝없이 당하고 말았답니다. 굼벵이벌 암컷은 애벌레를 굴로 끌고 가서 그 위에 알을 낳은 다음, 굴 입구를 막고 또 다른 먹이를 찾아 떠나요.

굼벵이벌의 특징

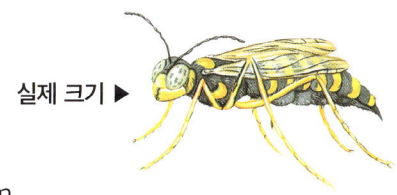

실제 크기 ▶

길이 : 종에 따라 0.8~6cm
먹이 : 애벌레는 다른 곤충의 애벌레, 어른벌레는 꽃꿀
사는 곳 : 아주 추운 지역을 뺀 모든 곳

벌목 10 말벌 Hornet

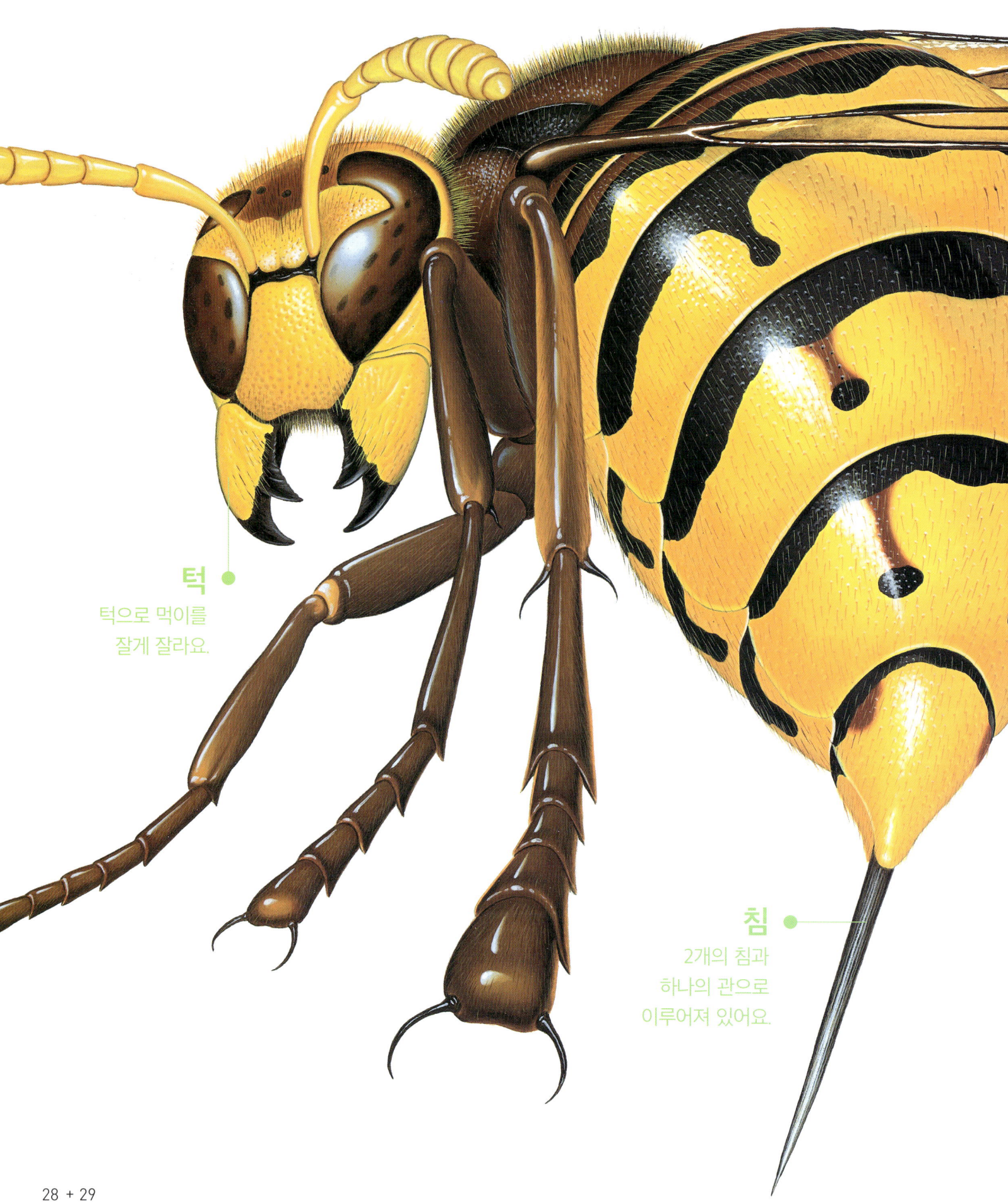

턱
턱으로 먹이를 잘게 잘라요.

침
2개의 침과 하나의 관으로 이루어져 있어요.

날개
빠르게 날면 윙윙 하고 우리에게 익숙한 말벌 소리가 들려요.

다리
강한 다리와 발톱으로 먹이를 붙잡아요.

말벌 이야기

말벌은 아주 잔인하고 공격적이에요. 화가 나면 윙 하는 소리를 내며 달려들어서 날카로운 침으로 공격하지요. 말벌 둥지 주위에는 수백 마리의 일벌들이 애벌레에게 줄 신선한 고기를 준비하느라 바쁘게 움직이고 있어요. 일벌은 독침으로 다른 곤충을 사냥한 다음, 단단한 턱으로 잘게 조각내요. 그러고는 고기를 둥지로 가져가 애벌레에게 먹이지요. 대신 애벌레는 액체만 먹을 수 있는 일벌에게 영양소가 듬뿍 든 분비물을 토해 준답니다.

말벌의 특징

실제 크기 ▶

길이 : 일벌은 2~2.5cm, 여왕벌은 2.5~3.5cm
먹이 : 곤충, 식물의 즙, 꽃꿀
수명 : 일벌(암벌)과 수벌은 최대 1년, 여왕벌은 5년 이상
사는 곳 : 유럽, 동아시아

벌목 11 점박이땅벌 Common Wasp

눈
겹눈으로 사방을
모두 볼 수 있어요.

턱
강한 턱은 땅벌의
주요 무기예요.

침
땅벌의 침은 꿀벌과 달리
여러 번 쓸 수 있어요.

점박이땅벌 이야기

땅벌은 온종일 집을 짓거나 애벌레에게 줄 먹이를 모으는 부지런한 곤충이에요. 하지만 사람들에게는 공포의 대상이 되기도 해요. 땅벌은 꿀벌과 다르게 땅속에 집을 지어요. 그래서 벌집이 있는 줄 모르고 잘못 건드렸다가, 벌 떼의 매서운 공격을 받을 수 있거든요. 또 단것을 좋아해서 사람들의 음료수병에 쏙 들어가기도 하는데, 그 음료수를 마셨다가는 깜짝 놀란 땅벌의 벌침 공격에 혀와 입안이 퉁퉁 부어서 숨을 못 쉬게 될 수도 있답니다.

더듬이
예민한 더듬이로 달콤한 음식 냄새를 맡아요.

점박이땅벌의 특징

실제 크기

길이 : 일벌은 0.7~1.3cm, 여왕벌은 1.2~2cm
먹이 : 식물의 즙, 곤충, 썩은 고기
수명 : 일벌은 몇 주, 여왕벌은 13~14개월
사는 곳 : 유럽, 아시아, 오스트레일리아, 뉴질랜드

벌목 12 쌍살벌 Paper Wasp

성격
말벌의 한 종류이기는 하지만 누가 위협하지 않으면 먼저 공격하지 않아요.

겹눈
수많은 면으로 되어 있고, 컬러로 볼 수 있어요.

더듬이
먹이가 어디 있는지 찾고, 다른 쌍살벌이 보내는 신호를 알아챌 수 있어요.

턱
먹이를 부수고 나무껍질을 씹을 정도로 튼튼해요.

쌍살벌 이야기

쌍살벌은 공중에서 맨 뒷다리 2개를 축 늘어트리고 날아다녀요. 그 모습이 꼭 살(가느다란 막대기) 2개를 들고 가는 것 같다고 해서 이런 이름이 생겼지요. 쌍살벌은 아주 뛰어난 건축가예요. 죽은 나무에서 섬유질을 모아서 침, 물과 섞어 멋진 둥지를 짓는답니다. 건물 기둥이나 지붕 밑에 자리를 틀어서 사람들을 놀라게 하기도 하는데, 먼저 공격하지는 않아요. 하지만 둥지를 건드리면? 그땐 순식간에 튀어 나와서 몇 번이나 독침을 쏘지요.

쌍살벌의 특징

실제 크기 ▶

길이 : 일벌은 1.5~2.2cm, 여왕벌은 훨씬 더 큼
먹이 : 애벌레는 곤충, 어른벌레는 꽃꿀과 과일의 즙
수명 : 일벌은 1년 이하, 여왕벌은 최대 3년
사는 곳 : 열대와 아열대 지역

침
독이 들어 있고, 여러 번 반복해서 쏠 수 있어요.

벌목 13 맵시벌 Ichneumon Wasp

날개
길고 날씬해서 빨리 날 수 있어요.

더듬이
길고 마디가 있어요.
더듬이로 냄새를 맡아서
다른 곤충의 애벌레를
찾아요.

다리
긴 다리로 꽁무니를
들어 올려서 나무에
구멍을 뚫어요.

산란관
알을 낳는 곳이에요.
뾰족한 바늘처럼 생겼어요.

맵시벌 이야기

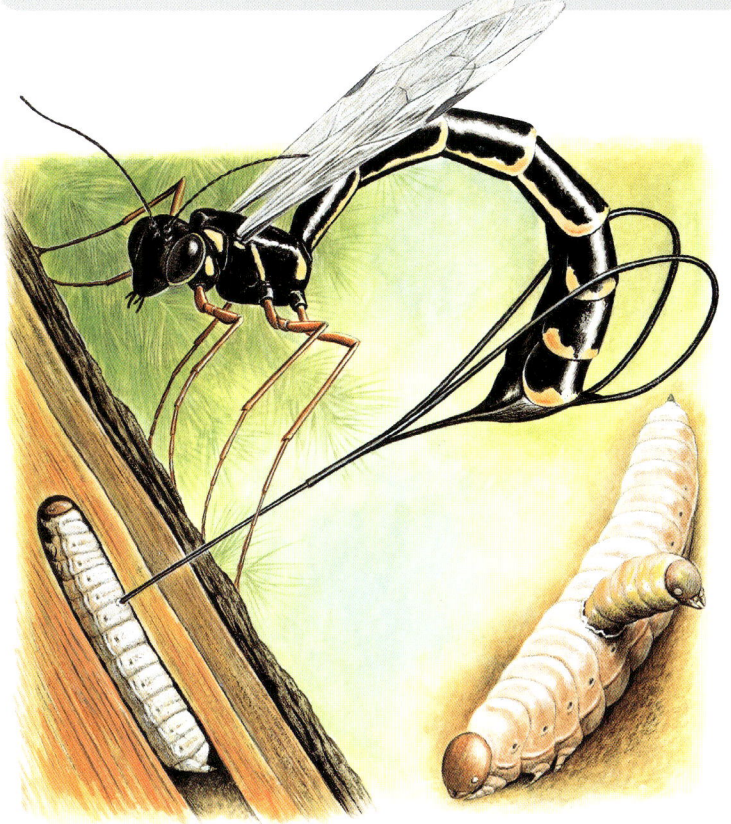

날씬하고 길쭉한 맵시벌은 달콤한 꽃꿀을 먹어요. 하지만 애벌레는 다른 곤충의 애벌레를 먹는답니다. 맵시벌 암컷은 더듬이가 아주 예민해서, 나무 속에 있는 애벌레도 찾을 수 있어요. 맵시벌은 나무껍질을 뚫고 긴 산란관을 넣어서, 통통한 애벌레 몸속에 알을 낳아요. 그러면 알에서 나온 맵시벌의 새끼는 애벌레를 산 채로 야금야금 먹으면서 쑥쑥 자라요. 완전히 자라면 애벌레의 중요 기관까지 싹싹 먹어 치운 뒤, 밖으로 빠져나오지요.

맵시벌의 특징

실제 크기 ▶

- 길이 : 0.3~4cm
- 먹이 : 애벌레는 딱정벌레나 다른 곤충의 애벌레, 어른벌레는 꽃꿀
- 수명 : 최대 3년
- 사는 곳 : 북극과 남극을 뺀 모든 곳

딱정벌레목 Coleoptera

딱정벌레를 뜻하는 영어 단어 'Beetle'은 '날개 덮개'라는 뜻의 그리스어에서 나왔어요. 딱정벌레목 곤충들은 등딱지 같은 단단한 앞날개(딱지날개)로 얇은 뒷날개를 보호하고 있거든요. 딱정벌레목은 모든 곤충의 40% 정도를 차지할 정도로 종류가 많고 다양해요. 우리가 잘 아는 하늘소와 장수풍뎅이뿐만 아니라 소똥구리, 물방개, 바구미도 여기에 속한답니다.

딱정벌레목 01
콜로라도감자잎벌레
Colorado Potato Beetle

딱지날개
노란색 앞날개에 5개의 검은 줄무늬가 있어요.

눈
어른벌레는 작은 겹눈이 있어요.

더듬이
마디가 있는 더듬이로 공기 중의 냄새를 맡아요.

턱
힘이 무척 세서 질긴 감자 잎도 씹을 수 있어요.

날개
튼튼한 날개로 먹이를 찾아 몇 킬로미터나 날 수 있어요.

콜로라도감자잎벌레 이야기

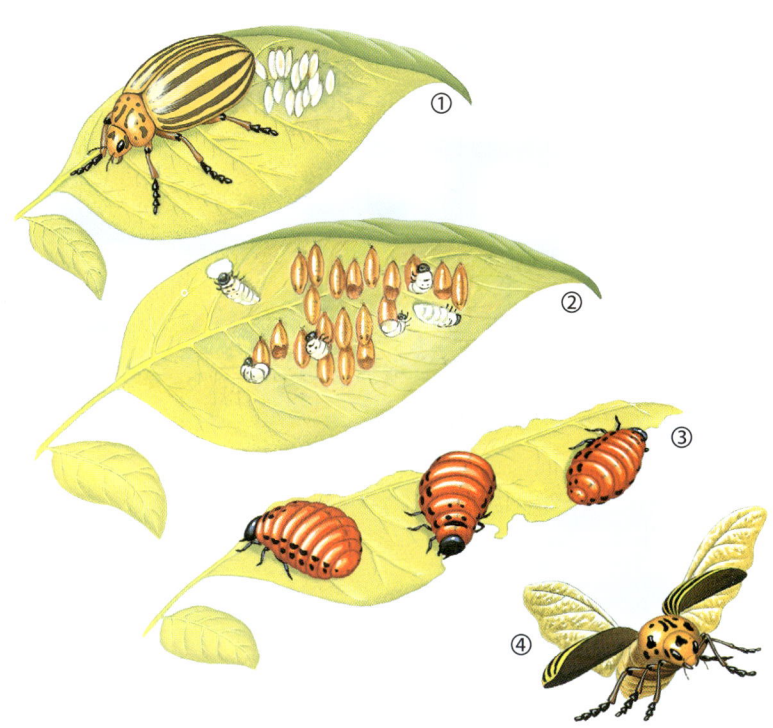

① 땅속에서 추운 겨울을 보낸 암컷이 5월에 모습을 드러내요. 잎사귀 위에 자리를 잡고 30개 정도의 작은 알을 낳아요.

② 15일 만에 알에서 나온 애벌레는 잎사귀를 갉아 먹으면서 자라요. 그러면 식물은 더 이상 제대로 자랄 수 없어요. 그래서 농부들에게 콜로라도감자잎벌레는 반드시 없애야 하는 '해충'이랍니다.

③ 애벌레는 쑥쑥 자라면서 세 번 허물을 벗어요.

④ 1~2주 뒤, 애벌레는 완전한 어른벌레가 되지요.

콜로라도감자잎벌레의 특징

실제 크기 ▶

길이 : 1cm
먹이 : 감자, 가지, 토마토 등 가짓과 식물의 잎
수명 : 1~2년
사는 곳 : 북아메리카, 유럽, 아시아

어릿광대하늘소
딱정벌레목 02
Harlequin Beetle

딱지날개
날개를 펼치면
앞날개가 위로 들려요.
색깔이 아주 화려해요.

눈
눈이 커서 숲속의 아주 작은
빛도 잘 볼 수 있어요.

앞다리
작은 이빨 같은 돌기와 뾰족한 가시가 나 있어요.

발바닥
털이 있어서 매끄러운 나뭇잎도 잘 붙잡아요.

어릿광대하늘소 이야기

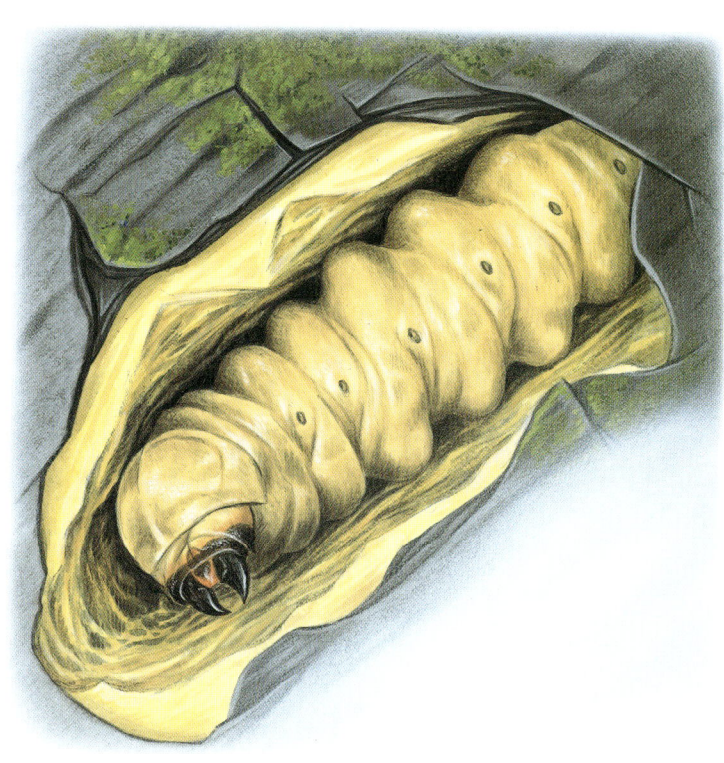

암컷 어릿광대하늘소는 강력한 턱으로 나무에 구멍을 뚫고 15~20개의 알을 낳아요. 10일 정도가 지나면 알에서 애벌레가 나오는데, 애벌레는 7~8개월 동안 나무 속을 돌아다니면서 자기 몸무게보다 몇 배나 많은 나무를 갉아 먹고 통통하게 살이 쪄요. 애벌레들은 나무 속에 각자 방을 만들고, 그 안에 들어가서 번데기가 돼요. 그리고 4개월이 지나면 허물을 벗고 멋진 모습의 어른벌레로 변신해, 나무를 뚫고 밖으로 나오지요.

어릿광대하늘소의 특징

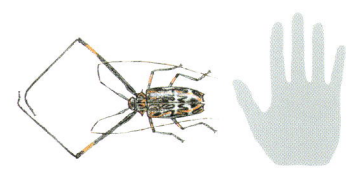

길이 : 몸길이는 7cm, 앞다리 길이는 12cm 이상
먹이 : 애벌레는 나무, 어른벌레는 주로 나무즙
사는 곳 : 멕시코 남부에서 우루과이의 열대 우림

딱정벌레목 03 유리알락하늘소
Asian Long-horned Beetle

다리
다른 곤충들처럼 마디가 있는 3쌍의 다리가 있어요.

입
턱이 튼튼해서 단단한 나무껍질과 줄기도 잘 씹어요.

발
작은 발톱으로 물체를 움켜잡고, 짧은 털로 진동을 느껴요.

● **날개**
단단한 앞날개 밑에 투명한 뒷날개가 접혀 있어요.

유리알락하늘소 이야기

유리알락하늘소는 매우 아름답게 생긴 곤충이에요. 하지만 나무에게는 무시무시한 곤충이랍니다. 나무가 약해져서 죽을 때까지 속을 계속해서 갉아 먹거든요. 그래서 유리알락하늘소가 살기 시작하면, 그 나무는 얼마 살지 못해요. 유리알락하늘소의 애벌레는 때때로 화물을 담은 나무 상자에 숨어서, 너른 태평양을 건너기도 해요. 나무를 실컷 파먹다가 다 자라면 뻥 뚫린 구멍만 남기고 새 나무로 이사를 가요. 그리고 그곳에 알을 낳지요. 이제 그 나무는 큰일 났어요!

유리알락하늘소의 특징

실제 크기 ▶

길이 : 몸길이 1.3~2.5cm, 더듬이 길이 5cm
먹이 : 나무
수명 : 애벌레로 1~3년, 어른벌레로 최대 2년
사는 곳 : 한국, 중국, 일본, 미국

딱정벌레목 04 가랑잎하늘소 Sabertooth Longhorn Beetle

큰턱
톱처럼 생긴 거대한 큰턱이 있어서 먹이를 꽉 붙잡을 수 있어요.

날개
위험할 때는 강한 날개를 이용해서 재빨리 날아가요.

발
한 쌍의 작은 발톱이 있어서 나무껍질을 단단히 붙잡을 수 있어요.

더듬이
냄새와 감촉을 느끼는 감각 기관으로 덮여 있어요.

가랑잎하늘소 이야기

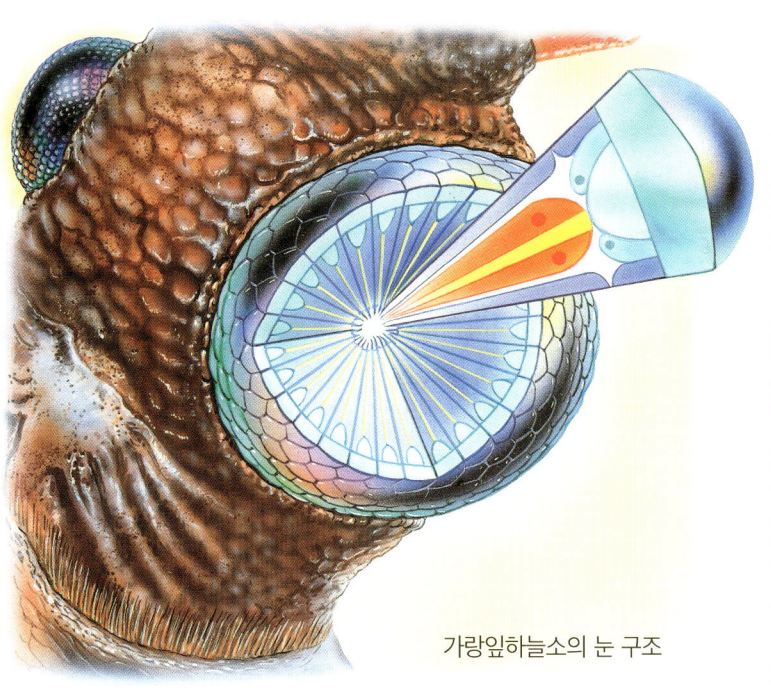

가랑잎하늘소의 눈 구조

남아메리카의 깊은 숲속에는 세계에서 가장 큰 곤충 중 하나가 살고 있어요. 바로 거대한 큰턱을 가진 가랑잎하늘소예요. 가랑잎하늘소의 눈은 조각조각의 많은 렌즈로 이뤄져 있다고 알려져 있어요. 이런 눈은 초점을 맞추기는 어렵지만, 적의 움직임을 알아채기는 좋답니다. 하지만 가랑잎하늘소는 곧 숲에서 사라질지도 몰라요. 곤충 표본을 수집하는 사람들이 늘어나고 열대 우림이 파괴되면서, 수가 많이 줄었거든요.

가랑잎하늘소의 특징

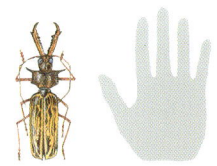

길이 : 큰턱까지 최대 18cm
먹이 : 애벌레는 침엽수, 어른벌레는 나무즙이나 썩은 과일
수명 : 최대 10년이지만 애벌레로 대부분을 보냄
사는 곳 : 남아메리카 열대 우림

딱정벌레목 05 # 송곳니먼지벌레 Saber-toothed Ground Beetle

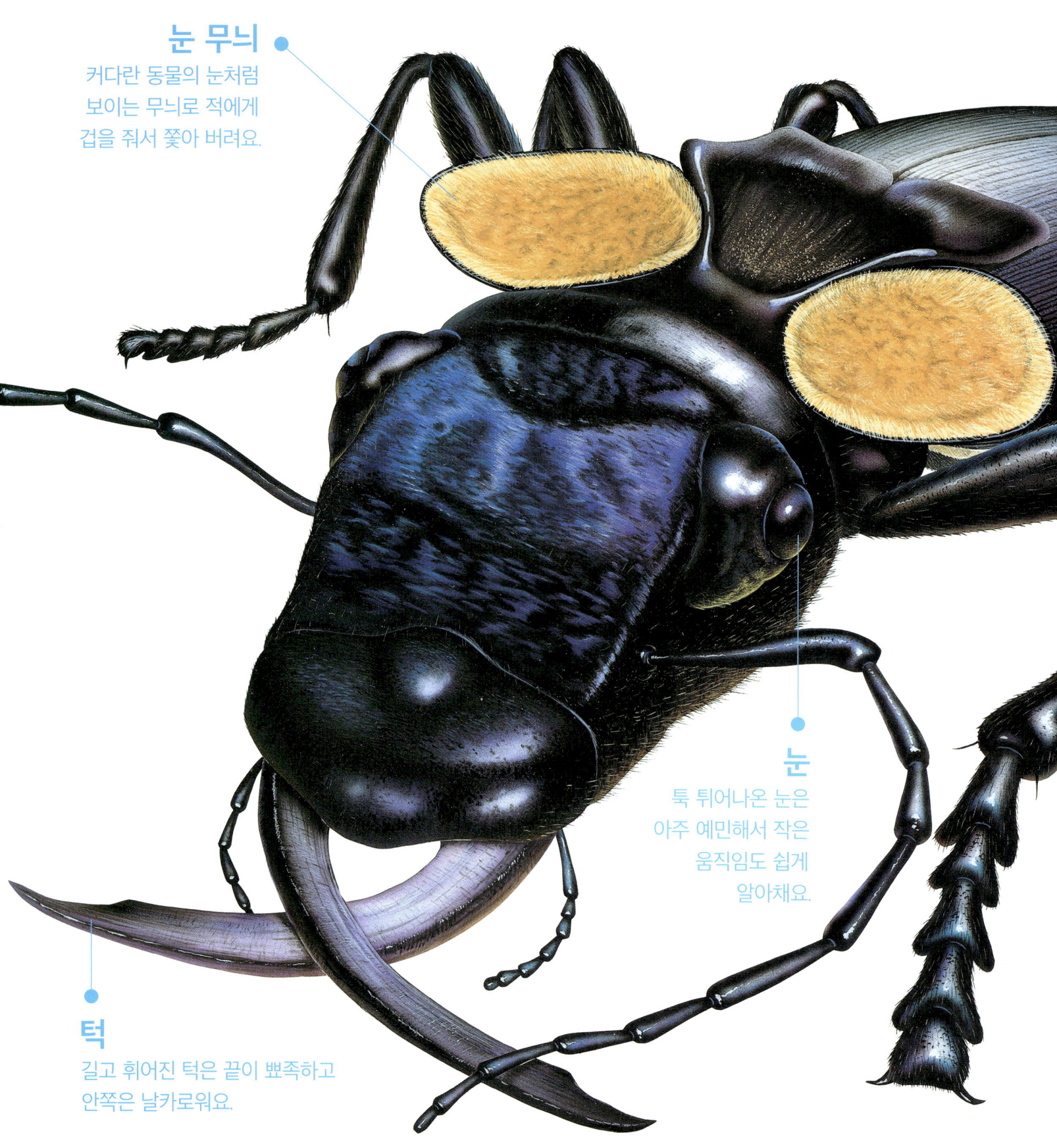

눈 무늬
커다란 동물의 눈처럼 보이는 무늬로 적에게 겁을 줘서 쫓아 버려요.

눈
툭 튀어나온 눈은 아주 예민해서 작은 움직임도 쉽게 알아채요.

턱
길고 휘어진 턱은 끝이 뾰족하고 안쪽은 날카로워요.

딱지날개
보호할 뒷날개가 없어서 갑옷처럼 몸에 딱 붙어 있어요.

다리
날지는 못하지만, 긴 다리로 빠르게 뛸 수 있어요.

송곳니먼지벌레 이야기

송곳니먼지벌레는 겁이 없어요. 칼처럼 날카로운 턱으로 땅 위에 사는 작은 무척추동물을 공격해 잡아먹지요. 하지만 하늘을 날 수 없어서, 먹이를 찾으러 걸어가다가 쥐나 다른 동물들의 공격을 받기도 해요. 그래서 송곳니먼지벌레는 커다란 눈처럼 보이는 무늬로 적을 깜짝 놀라게 한답니다. 그 방법이 실패하면, 다른 방법을 사용해요. 바로 꽁무니에서 독이 담긴 화학 물질을 발사하는 것이지요!

송곳니먼지벌레의 특징

길이 : 2.5~5cm
먹이 : 작은 무척추동물
수명 : 4~5개월
사는 곳 : 아프리카

실제 크기 ▲

딱정벌레목 06 # 폭탄먼지벌레 Bombardier Beetle

분사
뜨겁고 독성이 있는 화학 물질을
자기 몸길이의 몇십 배나 멀리 내뿜어요.

다리
긴 다리는 뛰다가도 재빨리
방향을 바꿀 수 있어요.

입
날카로운 가위 같은 턱으로 먹이를 잘라 먹어요.

몸통
약간 편평해서 나무나 돌 틈에 들어가기 좋아요.

딱지날개
딱정벌레류는 뒷날개를 보호하기 위해서 단단한 앞날개를 가지고 있어요.

폭탄먼지벌레 이야기

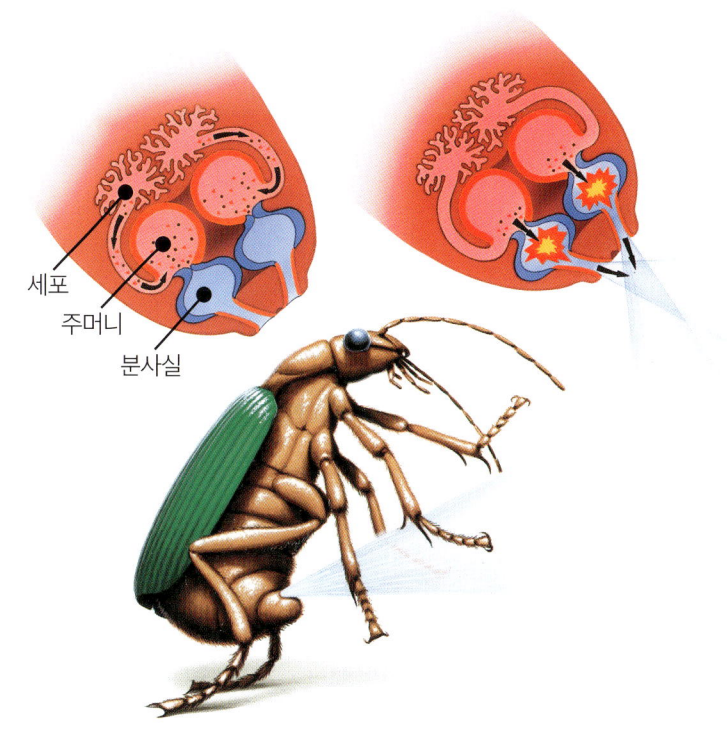

세포
주머니
분사실

폭탄먼지벌레는 이름 그대로 '폭탄' 같은 무기를 가진 딱정벌레예요. 폭탄먼지벌레는 배에 있는 2개의 특수한 세포에서 화학 물질을 만들어요. 이 물질은 풍선 같은 주머니를 거치는데, 이때까지는 위험하지 않아요. 그런데 폭탄먼지벌레가 깜짝 놀라는 일이 생기면, 이 물질이 분사실로 이동해요. 그리고 꽁무니에 있는 구멍에서 폭탄이 터지는 것 같은 큰 소리와 함께 위험한 물질로 변한 액체가 뜨거운 열을 내며 뿜어져 나온답니다. 이제 이 곤충 이름이 왜 폭탄먼지벌레인지 알겠지요?

폭탄먼지벌레의 특징

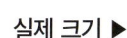 실제 크기 ▶

길이 : 0.7~1.5cm
먹이 : 애벌레, 달팽이, 곤충
수명 : 어른벌레가 된 뒤 몇 주
사는 곳 : 유럽, 아시아, 북아프리카

딱정벌레목 07 보라딱정벌레 Violet Ground Beetle

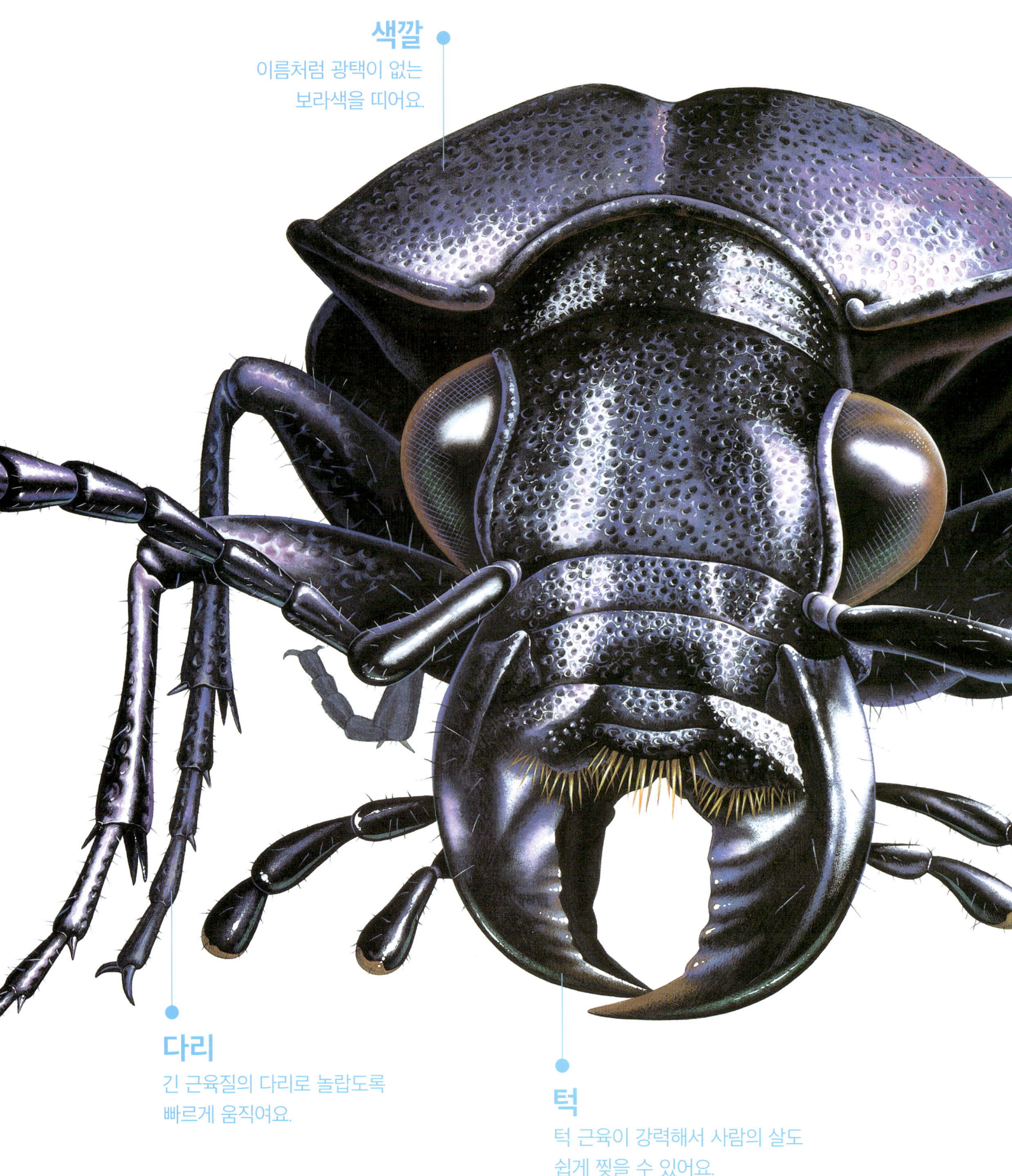

색깔
이름처럼 광택이 없는 보라색을 띠어요.

다리
긴 근육질의 다리로 놀랍도록 빠르게 움직여요.

턱
턱 근육이 강력해서 사람의 살도 쉽게 찢을 수 있어요.

날개
다른 딱정벌레들과 다르게 날개가 없어서 하늘을 날 수 없어요.

더듬이
동물의 아주 작은 움직임과 냄새도 감지할 수 있을 만큼 민감해요.

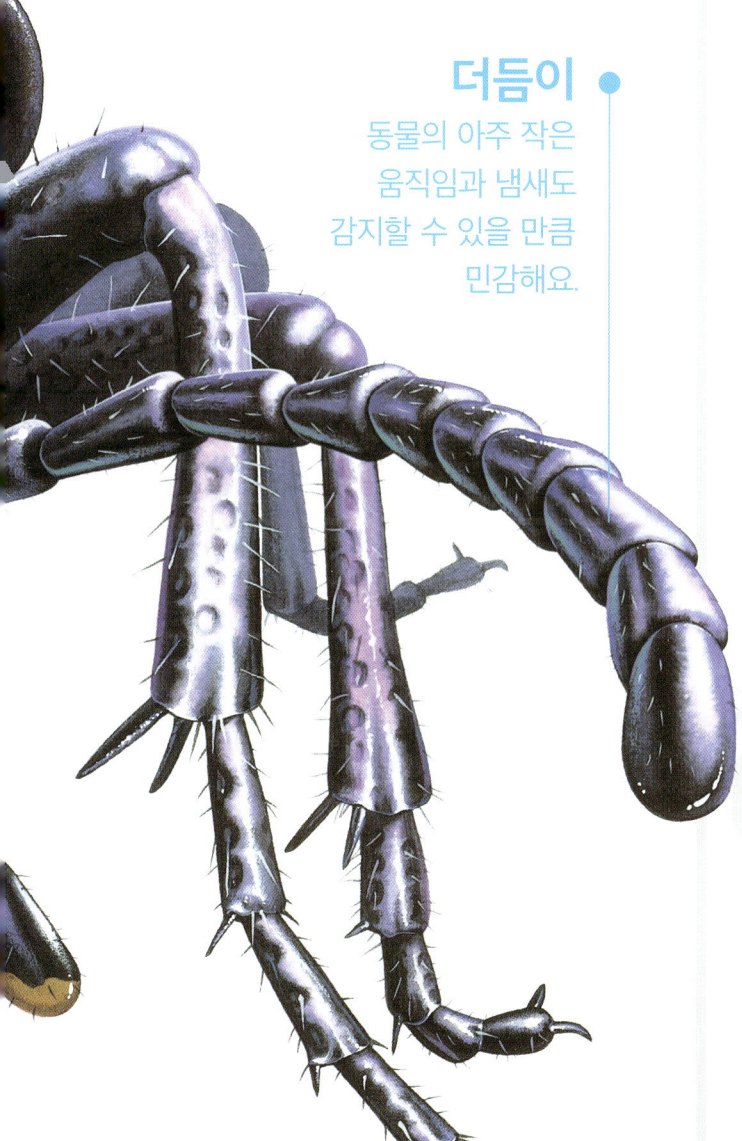

보라딱정벌레 이야기

보라딱정벌레는 야행성 곤충이에요. 낮에는 땅속이나 나무껍질 밑에 있다가 해 질 녘에 밖으로 나와서 먹이를 찾아 멀리 돌아다니지요. 보라딱정벌레는 즙이 많은 민달팽이와 지렁이를 특히 좋아해요. 민감한 더듬이에 먹잇감이 감지되면, 재빨리 달려가서 톱니 같은 턱으로 꽉 붙잡아요. 턱 힘이 아주 세서, 한번 잡으면 절대 놓치지 않는답니다. 보라딱정벌레는 먹이를 먹기 좋게 잘라서 맛있게 먹어 치워요.

보라딱정벌레의 특징

실제 크기 ▶

길이 : 2~3cm
먹이 : 달팽이, 민달팽이, 지렁이, 작은 곤충
수명 : 최대 2년
사는 곳 : 유럽, 러시아 남부, 일본

딱정벌레목 08 헤라클레스장수풍뎅이
Hercules Beetle

위 뿔
위쪽 뿔은 앞가슴등판이 늘어나서 생긴 거예요. 수컷에게만 있어요.

아래 뿔
먹이를 잘 붙잡을 수 있도록 갈고리가 나 있어요.

입
입은 먹이를 씹기보다 마시기 좋게 생겼어요.

헤라클레스장수풍뎅이 이야기

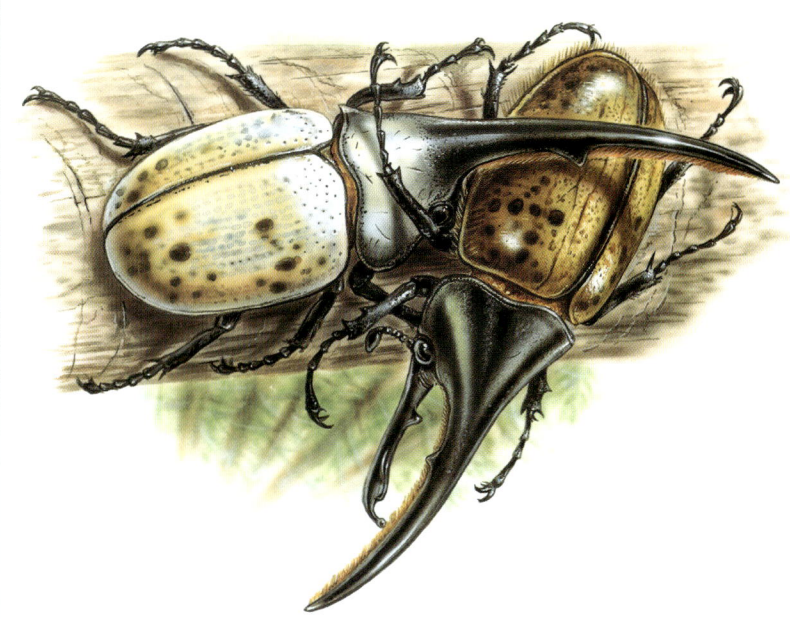

열대 우림에 사는 헤라클레스장수풍뎅이는 제일 긴 장수풍뎅이예요. 몸 끝부터 뿔 끝까지의 길이가 사람 손 길이와 비슷하거든요. 또 그리스 로마 신화 속 영웅 헤라클레스의 이름을 땄을 만큼 힘도 세서, 수컷들은 누구 하나가 이길 때까지 싸워요. 서로 몸을 우뚝 세워서 뿔을 부딪치며, 상대를 뒤집거나 나무에서 밀어 버리면 이기는 것이지요. 둘이 함께 나무 밑으로 뚝 떨어질 때도 있지만, 끝까지 싸움을 이어가요.

딱지날개
두꺼운 앞날개가 부드러운 뒷날개를 덮어 보호해요.

다리
갈고리가 있어서 미끄러운 나뭇가지도 단단히 붙잡을 수 있어요.

헤라클레스장수풍뎅이의 특징

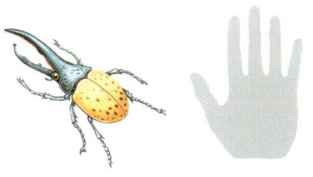

길이 : 수컷은 뿔 길이(7~9cm)까지 최대 18cm, 암컷은 최대 9cm
먹이 : 애벌레는 나무, 어른벌레는 나무즙이나 과일
사는 곳 : 중앙 및 남아메리카의 열대 우림

딱정벌레목 09 코끼리장수풍뎅이 Elephant Beetle

어깨 뿔
몸에 짧은 원뿔 모양의 뿔이 2개 나 있어요.

뿔
수컷에게만 있어요. 경쟁자 수컷을 뒤집을 때 써요.

발톱
발끝에 날카로운 발톱이 있어서 나무나 적을 잘 붙잡아요.

딱지날개
가늘고 부드러운 털이 단단한 앞날개를 덮고 있어요.

코끼리장수풍뎅이 이야기

나무를 기어 다니는 수컷 코끼리장수풍뎅이는 마치 갑옷을 입은 전사 같아요. 자기 영역을 지키거나 암컷을 차지하기 위해서라면, 언제든지 싸울 준비가 되어 있지요! 장소는 중요하지 않아요. 높은 나무 위에서 만나도 길을 양보하는 대신 뿔을 바짝 세우고 당장 전투에 들어가요. 이 싸움은 상대방의 몸 밑으로 뿔을 집어넣어서 휙 뒤집어 버리는 쪽이 이기는 거랍니다.

코끼리장수풍뎅이의 특징

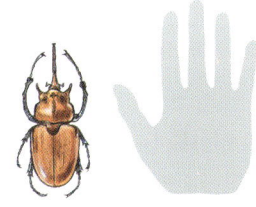

길이 : 7~13cm
먹이 : 애벌레는 썩은 나무, 어른벌레는 나무즙과 과일
수명 : 4~5년
사는 곳 : 중앙 및 남아메리카의 열대 우림

딱정벌레목 10   소똥구리 Dung Beetle

머리
대부분 납작하게 생겼지만, 수컷 중에는 큰 뿔이 있는 종류도 있어요.

앞다리
넓고 가시가 있어서 삽처럼 똥을 푸기 좋아요.

턱
꽉 무는 힘이 세서 똥 속의 질긴 섬유질도 자를 수 있어요.

번식
똥을 굴려서 그 안에 알을 낳아요. 알에서 깬 애벌레는 똥을 먹고 자라지요.

소똥구리 이야기

덩치가 크고 튼튼한 소똥구리는 뜨끈뜨끈한 똥 속에서 지내는 일을 가장 좋아해요. 똥은 어디에나 많지만 방금 싸서 따끈하고 촉촉한 똥은 많지 않아요. 그래서 갓 싼 똥 무더기 주변은 배고픈 소똥구리들의 전쟁터가 되곤 하지요. 소똥구리들은 앞다리로 상대방을 뒤집기 위해 애를 써요. 그리고 마침내 넘어트리면, 그 위로 똥을 굴려서 상대방을 김 나는 똥 속에 묻어 버려요. 심지어 다른 소똥구리가 만든 똥을 훔치기도 한답니다.

소똥구리의 특징

실제 크기 ▼

- 길이 : 종에 따라 최대 6cm
- 먹이 : 초식 동물의 똥
- 수명 : 약 1년 6개월
- 사는 곳 : 춥고 건조한 지역을 뺀 거의 모든 곳

딱정벌레목 11 골리앗꽃무지 Goliath Beetle

껍질
두꺼운 껍질로 부드러운 몸과 날개를 보호해요.

뿔
뿔은 수컷에게만 있어요. 경쟁자와 싸울 때 써요.

다리
각각 한 쌍의 발톱이 있어서, 물체를 꽉 붙들 수 있어요.

날개
날지 않을 때는 얇은 속날개를 반듯하게 접어서 단단한 앞날개로 덮어 둬요.

골리앗꽃무지 이야기

골리앗은 성경에 나오는 인물이에요. 거인처럼 키가 크고 힘이 아주 센 장군이지요. 골리앗꽃무지도 그 이름처럼 세계에서 가장 크고 무거운 딱정벌레 중 하나예요. 애벌레 시절부터 몸집이 큰데, 어른벌레가 되면 거의 쥐만 한 크기로 자란답니다. 번데기에서 나온 암컷 골리앗꽃무지는 잠시 쉬었다가 날개를 활짝 펼치고 첫 비행을 해요. 그 모습을 본 수컷 두 마리가 암컷을 서로 차지하겠다며 뿔을 맞대고 싸우고 있어요. 암컷은 절대 끼어들지 않고, 가만히 지켜보기만 하지요.

골리앗꽃무지의 특징

길이 : 최대 11cm
먹이 : 애벌레는 썩은 식물, 어른벌레는 나무즙과 과일
수명 : 3년
사는 곳 : 아프리카 열대 우림

딱정벌레목 12 유럽사슴벌레 European Stag Beetle

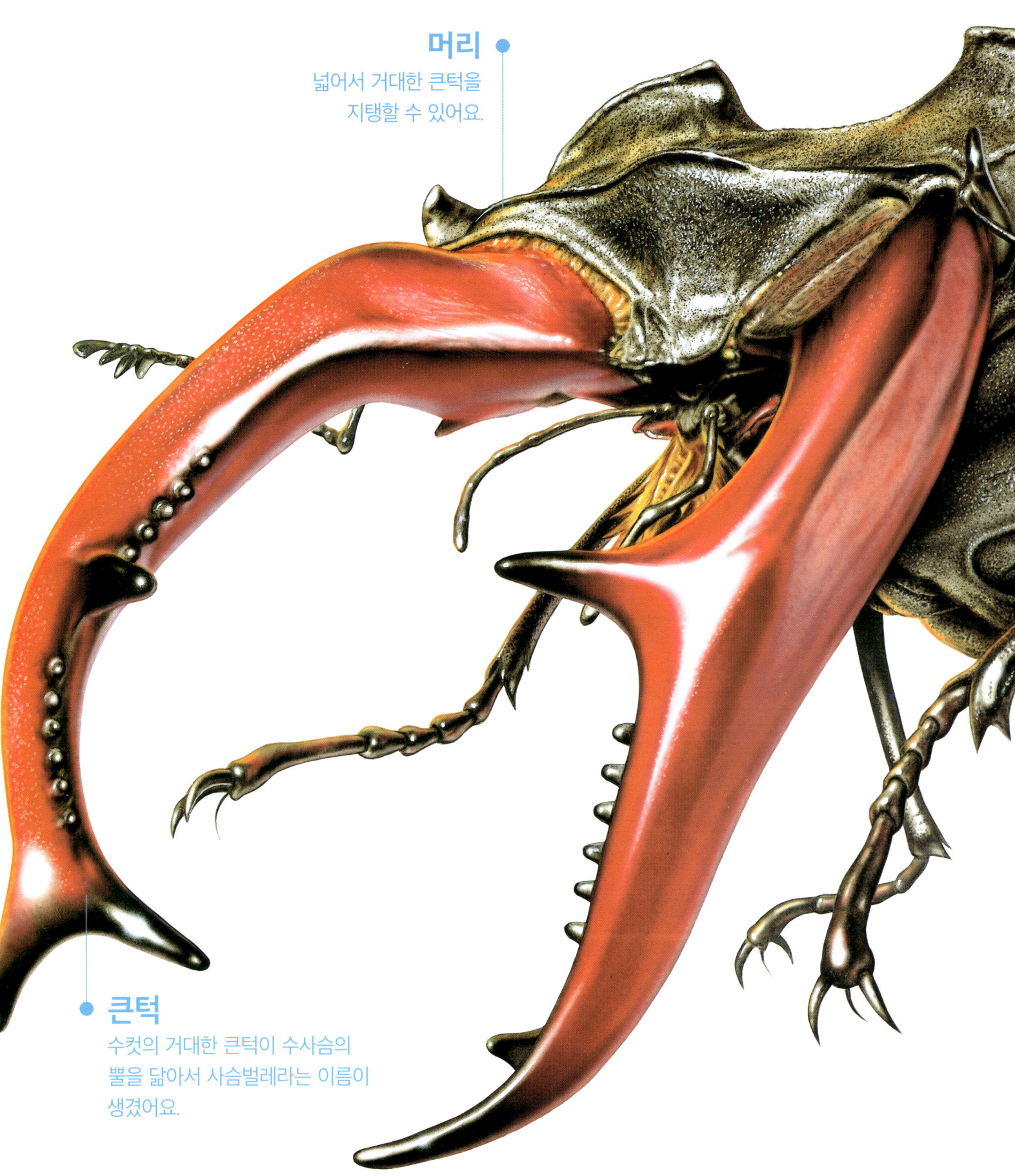

머리
넓어서 거대한 큰턱을 지탱할 수 있어요.

큰턱
수컷의 거대한 큰턱이 수사슴의 뿔을 닮아서 사슴벌레라는 이름이 생겼어요.

더듬이
끝에 있는 안테나처럼 생긴 부분 때문에 더욱 예민해요.

다리
놀라울 정도로 힘이 세서, 싸울 때 몸을 힘껏 받칠 수 있어요.

유럽사슴벌레 이야기

수컷 사슴벌레는 마치 사슴뿔이나 집게발처럼 보이는 거대하고 강력한 큰턱을 가졌어요. 암컷과 나무즙을 차지하기 위해, 다른 수컷과 싸워야 하기 때문이지요. 수컷들은 서로 마주 서서, 큰턱으로 상대방의 몸을 먼저 붙잡기 위해 노력해요. 그리고 번쩍 들어서 뒤집으면 이기는 것이지요! 그런데 사슴벌레는 야생에서 점점 만나기 어려운 곤충이 되고 있어요. 좋아하는 먹이인 오래된 나무가 점점 줄어들고 있거든요.

유럽사슴벌레의 특징

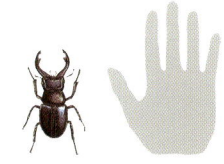

길이 : 수컷은 턱까지 5~10cm, 암컷은 2~4cm
먹이 : 애벌레는 썩은 나무, 어른벌레는 나무즙
수명 : 애벌레로 3~5년, 어른벌레로 4~5주
사는 곳 : 유럽

딱정벌레목 13 ## 방아벌레 Click Beetle

딱지날개
대부분의 딱정벌레들처럼 한 쌍의 얇은 뒷날개를 단단한 앞날개로 보호하고 있어요.

눈
시력이 좋은 편은 아니지만, 먹이를 찾기에는 충분해요.

몸
납작해서 나무 틈으로 숨기 좋아요.

껍질
적의 공격을 막기 위해서 가슴을 단단한 껍질이 덮고 있어요.

방아벌레 이야기

풀잎과 나뭇잎 사이로 먹이를 찾아다니는 방아벌레는 별로 특별할 게 없어 보이는 곤충이에요. 하지만 적이 나타나면, 놀라운 특징이 드러나요. 바로 몸을 뒤집고 누워서 죽은 척하는 거예요. 다른 곤충들은 이렇게 몸이 뒤집히면 다시 세우지 못해서 그대로 죽는 일이 많은데, 방아벌레는 달라요. 체조 선수처럼 공중제비를 돌 수 있기 때문이지요. 방아벌레는 큰 소리를 내면서 공중으로 치솟았다가 몸을 똑바로 돌려서 착지해요. 그러고는 적이 놀란 틈을 타서 재빨리 달아난답니다.

방아벌레의 특징

실제 크기 ▶

길이 : 1~2cm, 일부 종류는 더 큼
먹이 : 애벌레는 식물 뿌리, 어른벌레는 식물이나 죽은 동물
수명 : 최대 2년
사는 곳 : 극지방을 뺀 전 세계

딱정벌레목 14 길앞잡이 Tiger Beetle

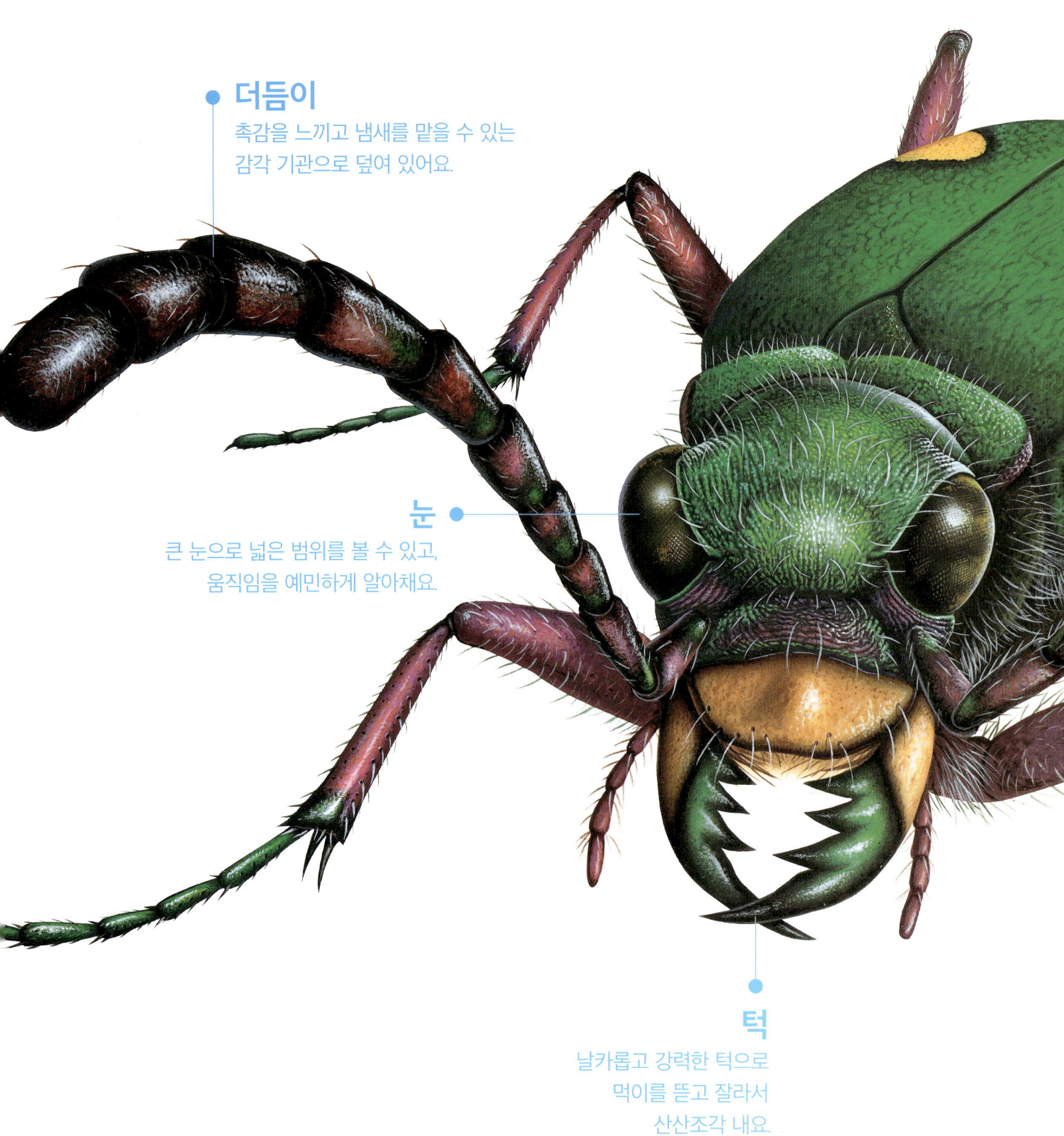

더듬이
촉감을 느끼고 냄새를 맡을 수 있는 감각 기관으로 덮여 있어요.

눈
큰 눈으로 넓은 범위를 볼 수 있고, 움직임을 예민하게 알아채요.

턱
날카롭고 강력한 턱으로 먹이를 뜯고 잘라서 산산조각 내요.

● **딱지날개**
빛나는 앞날개 밑에 강한 뒷날개가 있어요.

● **다리**
길고 튼튼한 다리로 곤충 세계에서 가장 빨리 달려요.

길앞잡이 이야기

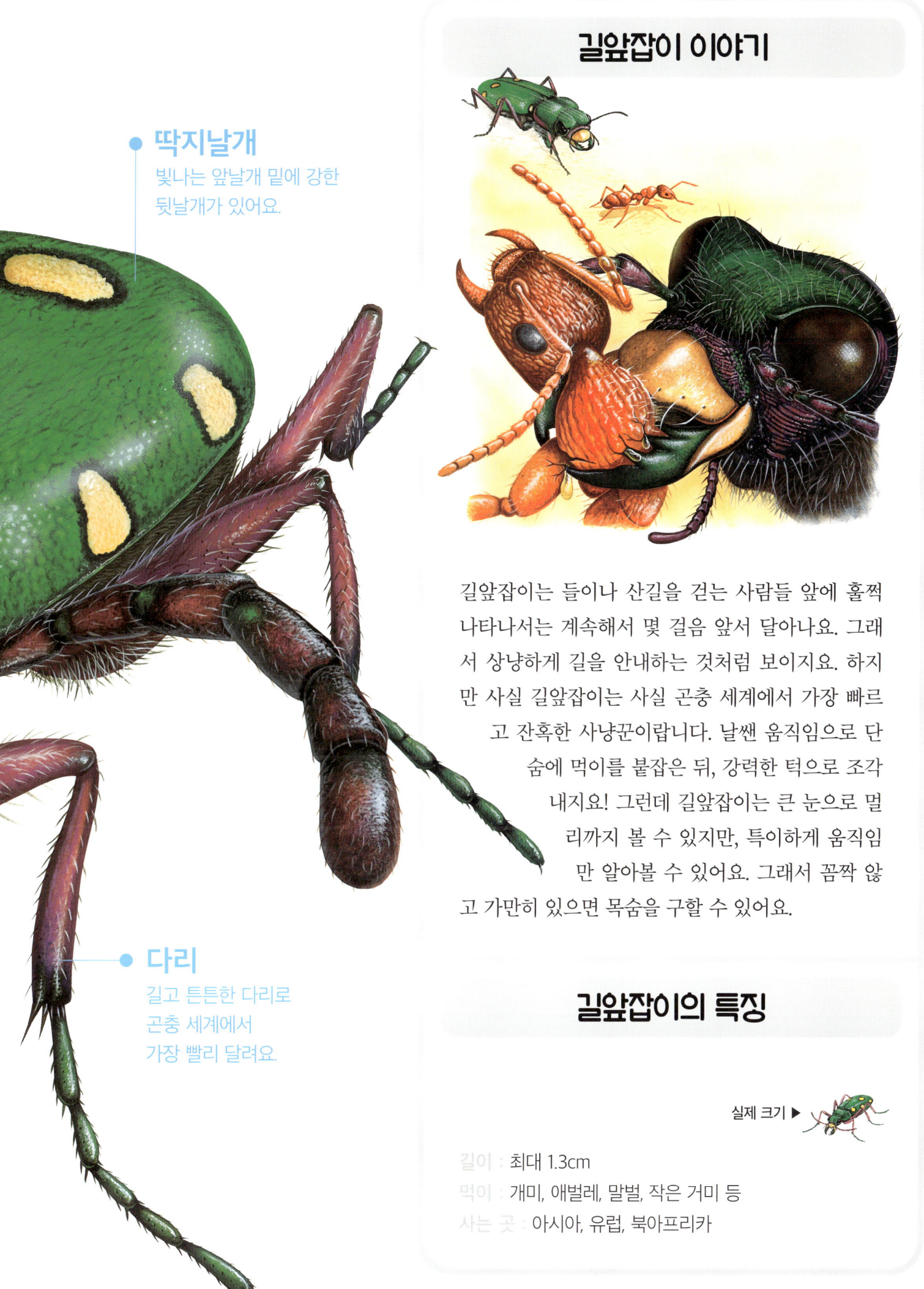

길앞잡이는 들이나 산길을 걷는 사람들 앞에 훌쩍 나타나서는 계속해서 몇 걸음 앞서 달아나요. 그래서 상냥하게 길을 안내하는 것처럼 보이지요. 하지만 사실 길앞잡이는 사실 곤충 세계에서 가장 빠르고 잔혹한 사냥꾼이랍니다. 날쌘 움직임으로 단숨에 먹이를 붙잡은 뒤, 강력한 턱으로 조각내지요! 그런데 길앞잡이는 큰 눈으로 멀리까지 볼 수 있지만, 특이하게 움직임만 알아볼 수 있어요. 그래서 꼼짝 않고 가만히 있으면 목숨을 구할 수 있어요.

길앞잡이의 특징

실제 크기 ▶

길이 : 최대 1.3cm
먹이 : 개미, 애벌레, 말벌, 작은 거미 등
사는 곳 : 아시아, 유럽, 북아프리카

딱정벌레목 15 # 배물방개붙이 Great Diving Beetle

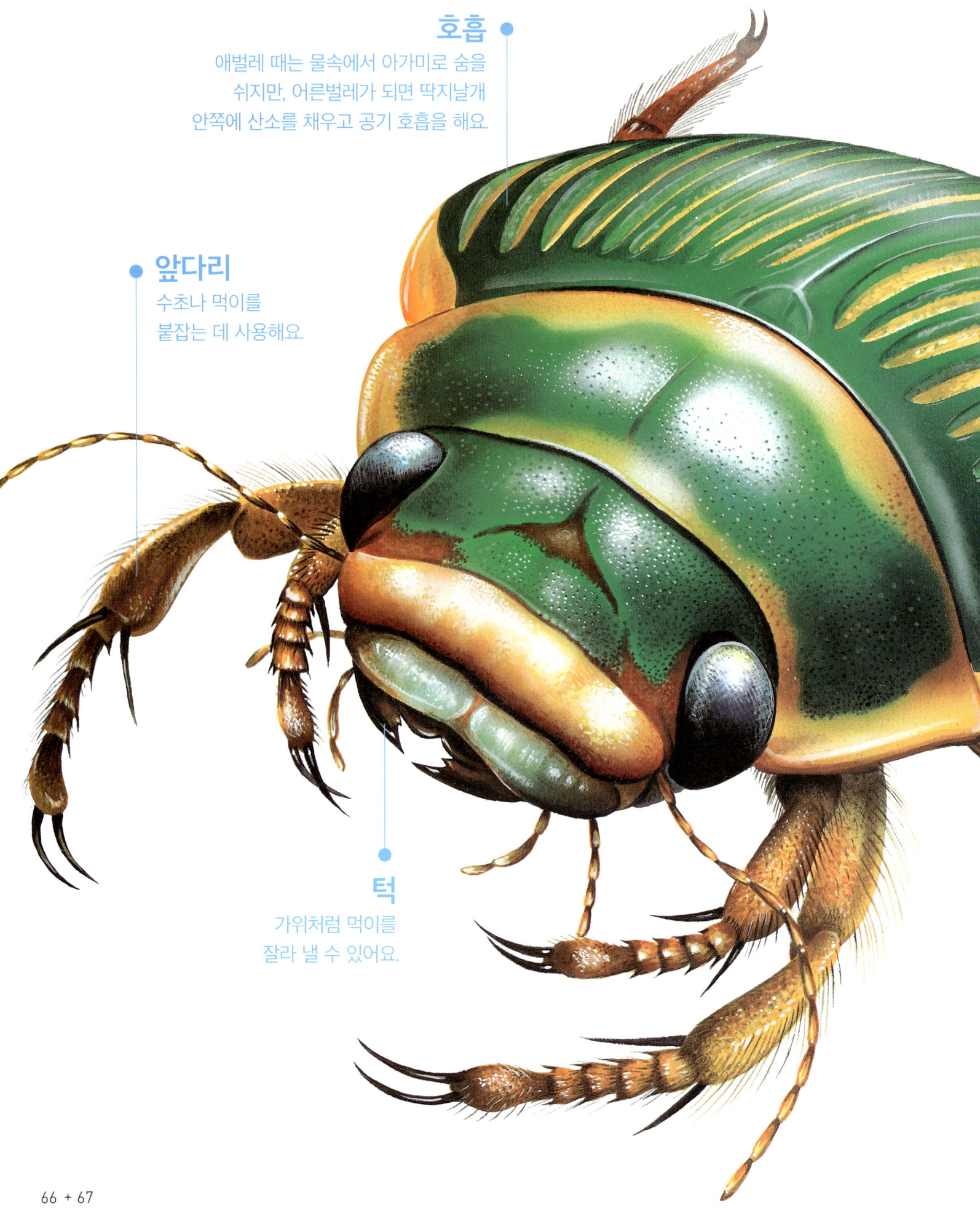

호흡
애벌레 때는 물속에서 아가미로 숨을 쉬지만, 어른벌레가 되면 딱지날개 안쪽에 산소를 채우고 공기 호흡을 해요.

앞다리
수초나 먹이를 붙잡는 데 사용해요.

턱
가위처럼 먹이를 잘라 낼 수 있어요.

딱지날개
물방개는 매끈하지만, 배물방개붙이는 양쪽에 세로줄 무늬가 10개씩 있어요.

뒷다리
뻣뻣한 털이 달린 뒷다리로 노처럼 물을 밀어서 헤엄쳐요.

배물방개붙이 이야기

배물방개붙이는 물방개의 한 종류예요. 어른벌레와 애벌레의 생김새가 다른데, 식성만큼은 똑같아요. 둘 다 낫처럼 생긴 무서운 턱으로 붙잡을 수 있는 동물은 뭐든지 공격해서 잡아먹어요. 물속에 사는 곤충, 올챙이, 작은 개구리와 물고기, 썩은 고기 등 가리는 것도 없지요. 수면에 동그라미가 퍼지면, 배물방개붙이가 산소를 채우러 올라왔다가 잠수한 흔적일지 모르니까 잘 살펴보세요.

배물방개붙이의 특징

◀ 실제 크기

길이 : 애벌레 5.5~7cm, 어른벌레 3~4cm
먹이 : 곤충, 올챙이, 작은 물고기, 썩은 고기 등
수명 : 애벌레로 몇 개월, 어른벌레로 최대 3년
사는 곳 : 유럽과 아시아의 민물

딱정벌레목 16 반날개 Rove Beetle

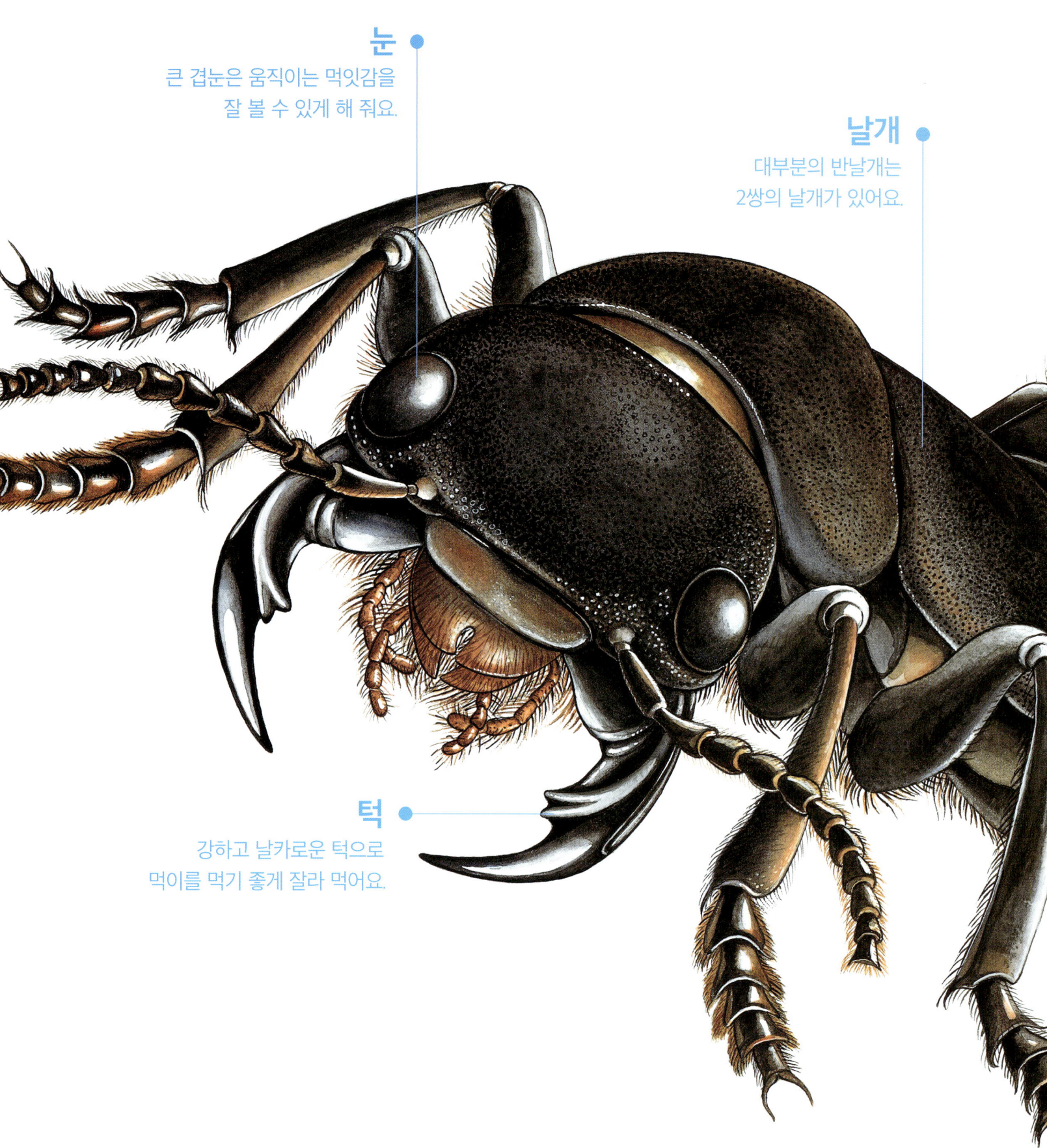

눈
큰 겹눈은 움직이는 먹잇감을 잘 볼 수 있게 해 줘요.

날개
대부분의 반날개는 2쌍의 날개가 있어요.

턱
강하고 날카로운 턱으로 먹이를 먹기 좋게 잘라 먹어요.

배 끝
적이 나타나면 배 끝을 바짝 들어 올리고 무시무시한 전갈인 척해요.

몸
길고 가느다래서 땅속이나 좁은 틈도 잘 다닐 수 있어요.

반날개 이야기

냄새를 잘 감지하는 더듬이, 날쌘한 몸, 날카롭고 강력한 턱은 반날개를 아주 능력 있는 사냥꾼으로 만들어 줘요. 반날개는 사냥의 성공률을 높이기 위해서 주로 맛있는 애벌레가 있을 만한 장소를 찾아다녀요. 예를 들면 썩은 동물이 있거나 곤충을 유인하는 버섯 같은 균류가 있는 곳이지요. 또 반날개는 적을 만날 때를 대비해서, 강력한 방어 수단도 가지고 있어요. 바로 냄새나는 액체를 발사하거나 배 끝을 바짝 세워서 무서운 전갈인 척하는 것이랍니다.

반날개의 특징

길이 : 최대 3cm
먹이 : 곤충의 애벌레
수명 : 1년
사는 곳 : 거의 모든 곳

실제 크기 ▲

딱정벌레목 17 검정수염송장벌레 Burying Beetle

눈
대부분의 곤충들처럼 겹눈을 가지고 있어요.

더듬이
3km나 떨어져 있는 죽은 동물의 냄새도 맡을 수 있어요.

가슴
날개를 움직이는 힘센 근육이 있어서, 사체를 찾아 멀리까지 날 수 있어요.

딱지날개
뒷날개는 단단하게 변한 앞날개에 덮여 있어요.

다리
강하고 가시가 있어서 땅을 파기 좋아요.

검정수염송장벌레 이야기

'송장'은 '죽은 사람의 몸'을 이르는 말이에요. 송장벌레는 이름처럼 죽은 동물을 먹고 사는 곤충이랍니다. 송장벌레는 아주 멀리서도 죽은 동물의 냄새를 맡을 수 있어요. 먹잇감이 마음에 들면, 그 밑을 열심히 파기 시작해요. 그러면 죽은 동물이 점점 땅속으로 꺼지면서 공처럼 둥글게 말리지요. 송장벌레는 턱으로 가죽을 벗기고 팔다리를 잘라낸 다음, 다시 흙으로 구멍을 막아요. 암컷은 옆방에 알을 낳은 다음, 새끼들이 다 자랄 때까지 썩은 고기를 먹으면서 함께 지낸답니다.

검정수염송장벌레의 특징

길이 : 1.2~2.5cm
먹이 : 죽은 동물
수명 : 최대 300일
사는 곳 : 유럽, 아시아

실제 크기 ▶

딱정벌레목 18 물땡땡이 Great Silver Beetle

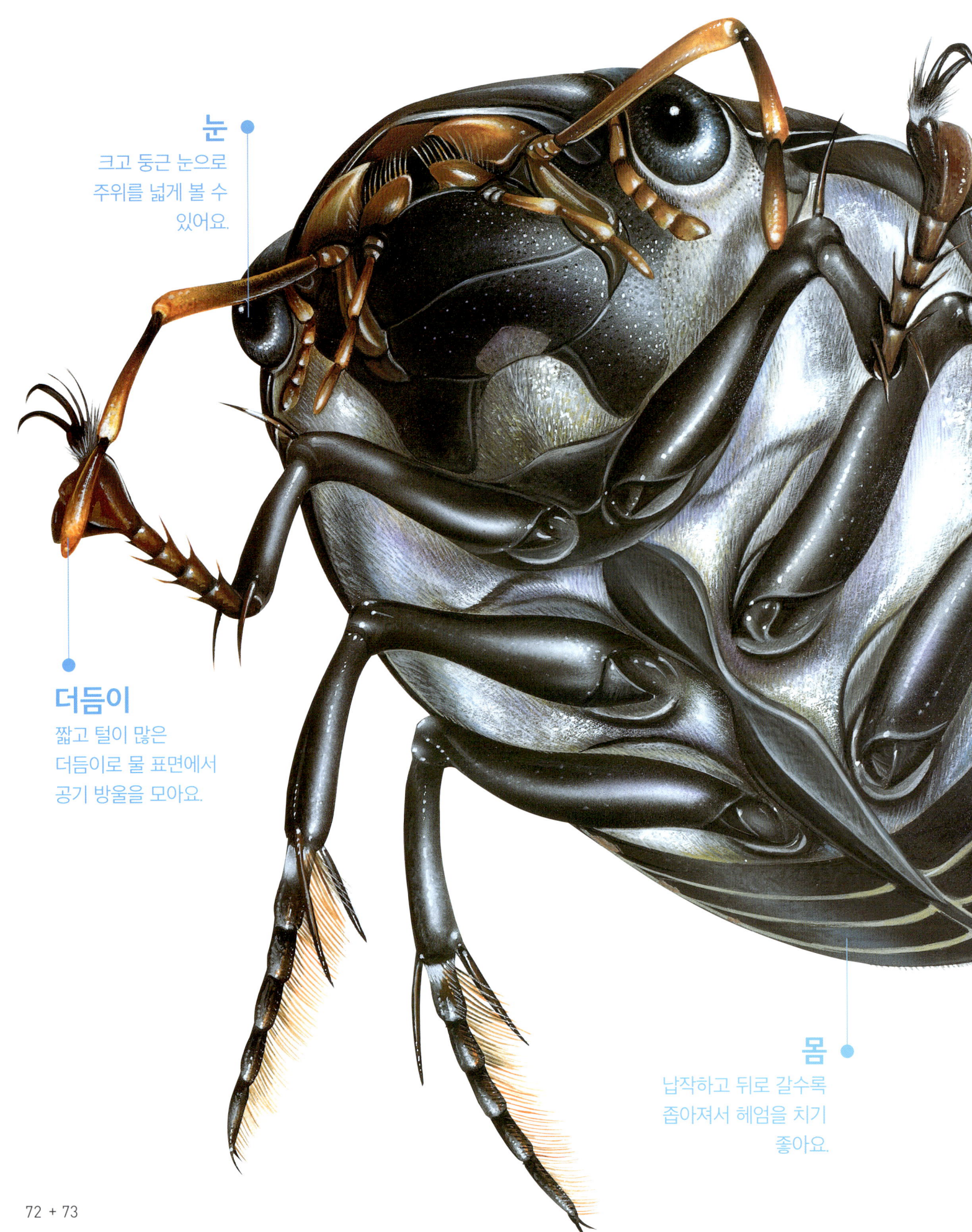

눈
크고 둥근 눈으로 주위를 넓게 볼 수 있어요.

더듬이
짧고 털이 많은 더듬이로 물 표면에서 공기 방울을 모아요.

몸
납작하고 뒤로 갈수록 좁아져서 헤엄을 치기 좋아요.

딱지날개
앞날개가 단단한 껍질처럼 변해서 섬세한 뒷날개를 보호해요.

숨구멍
조그만 구멍을 통해서 공기 중의 산소를 흡수해요.

물땡땡이 이야기

물땡땡이는 물방개와 비슷해 보여요. 하지만 헤엄을 잘 못 치고, 보통 수초에 매달려서 걸어 다녀요. 또 애벌레는 배 끝에 있는 한 쌍의 숨구멍을 물 밖으로 내밀고 숨을 쉰답니다. 그래서 몸을 거꾸로 세운 채 사냥을 하지요. 처음에는 아주 작은 미생물을 먹지만, 몸집이 커질수록 점점 더 큰 먹잇감에 달려들어요. 먹이의 몸속에 커다란 턱을 콱 박고, 소화액을 넣어서 녹여 먹지요.

물땡땡이의 특징

실제 크기 ▶

길이 : 애벌레는 최대 7cm, 어른벌레는 최대 5cm
먹이 : 애벌레는 곤충과 올챙이 등, 어른벌레는 식물과 죽은 동물
수명 : 2~3년
사는 곳 : 전 세계 습지

딱정벌레목 19 밤바구미 Acorn Weevil

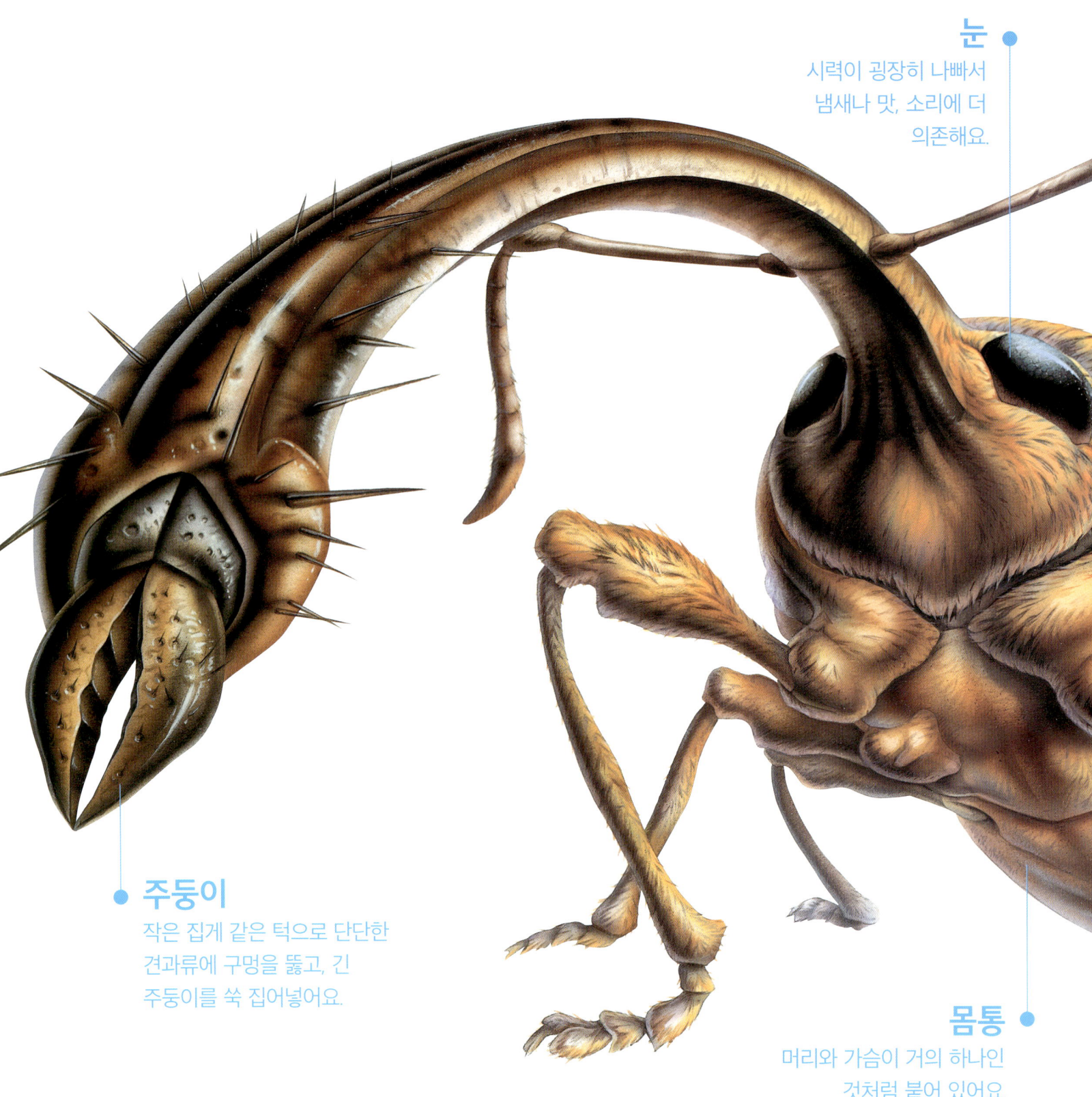

눈
시력이 굉장히 나빠서 냄새나 맛, 소리에 더 의존해요.

주둥이
작은 집게 같은 턱으로 단단한 견과류에 구멍을 뚫고, 긴 주둥이를 쑥 집어넣어요.

몸통
머리와 가슴이 거의 하나인 것처럼 붙어 있어요.

더듬이
중간이 팔꿈치처럼 굽어서,
쉴 때는 접어 놓을 수 있어요.

발
발톱이 있어서 견과류와
나뭇잎을 단단히 붙잡기 좋아요.

밤바구미 이야기

밤바구미는 몸은 작은데 주둥이는 몸만큼이나 길쭉해요. 그래서 꼭 만화나 영화 속에 나오는 외계인 같지요. 하지만 밤바구미에게 이 신기한 주둥이는 꼭 필요한 부분이에요. 긴 주둥이의 끝으로 밤이나 도토리, 호두 같은 단단한 견과류에 구멍을 뚫고, 그 안에 한두 개의 알을 낳거든요. 8~10일이 지나 알에서 나온 애벌레는 견과를 파먹으면서 자라요. 그리고 어른벌레가 될 준비가 끝나면 껍질에 구멍을 뚫고 밖으로 나와요.

밤바구미의 특징

실제 크기 ▶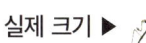

길이 : 애벌레 15mm, 어른벌레 5.5~9mm
먹이 : 애벌레는 견과류, 어른벌레는 견과류, 봉오리, 새싹
수명 : 어른벌레가 된 뒤 4~5개월
사는 곳 : 유럽, 아시아

딱정벌레목 20 기린바구미 Giraffe Weevil

더듬이
민감한 더듬이로 먹이나 적의 움직임을 알아내요.

눈
움직이지 않는 것은 알아보지 못해요.

발톱
힘이 세서 바람이 불어도 나뭇잎을 꽉 잡고 버틸 수 있어요.

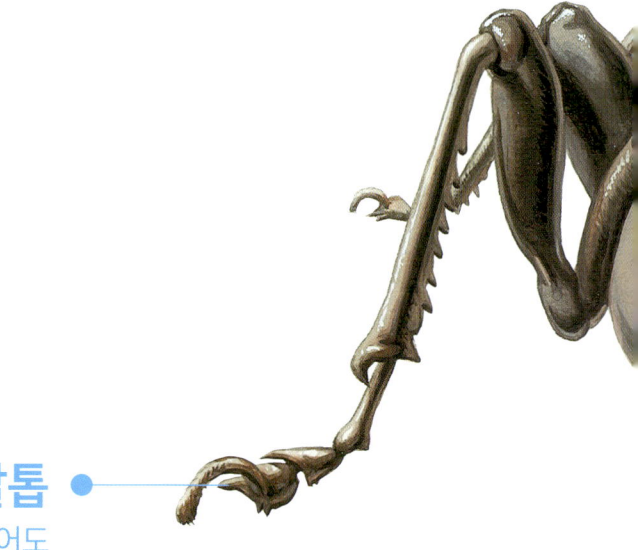

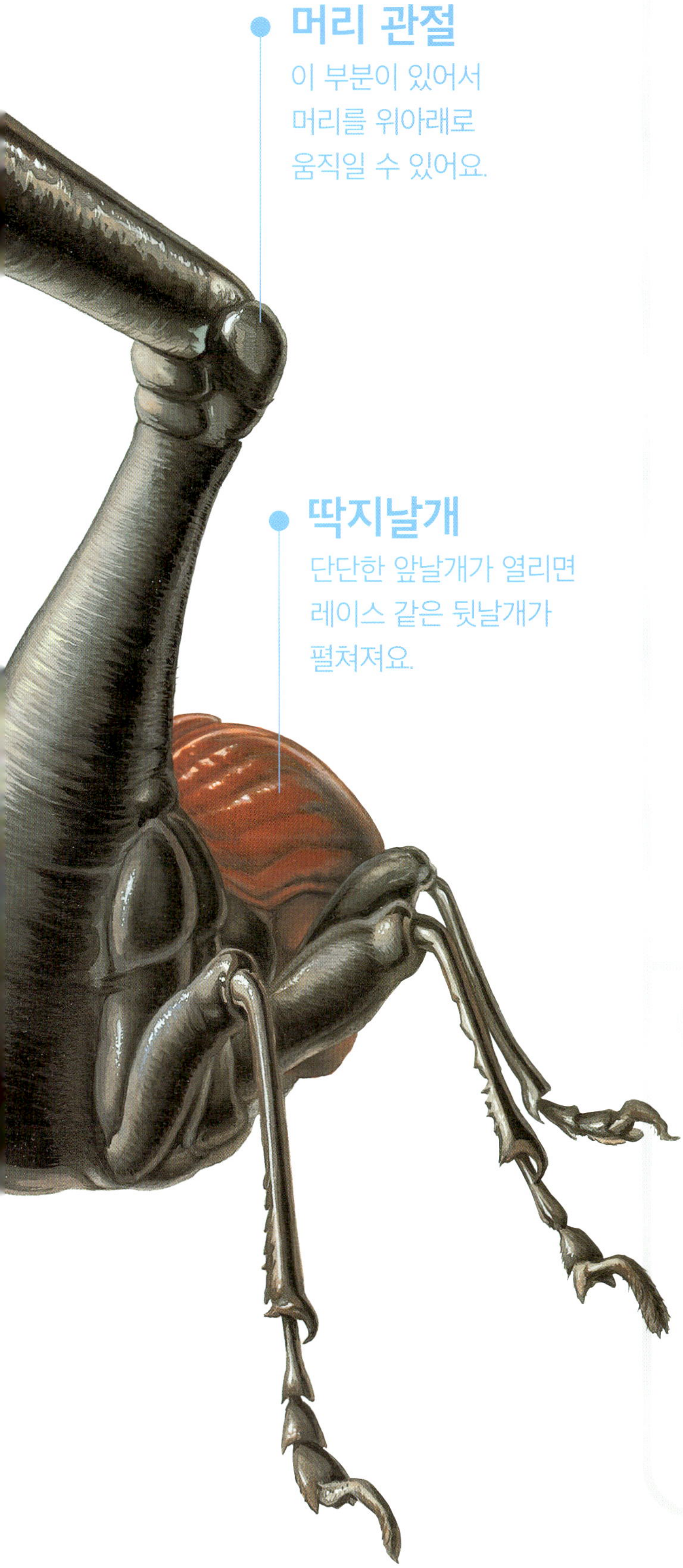

기린바구미 이야기

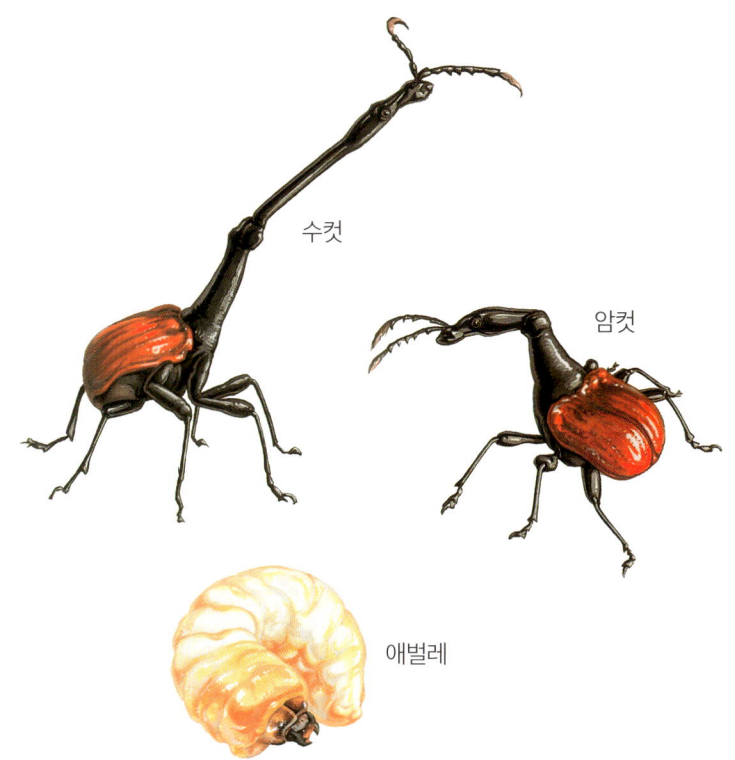

수컷
암컷
애벌레

마다가스카르에만 사는 신기한 바구미예요. 기린 목처럼 기다란 머리와 붉은색의 딱지날개 때문에 한눈에 알아볼 수 있지요. 기린바구미 수컷은 암컷보다 두세 배나 더 긴 머리를 흔들면서 암컷을 유혹해요. 암컷은 턱과 앞다리를 이용해서 잎을 동그랗게 말고, 그 안에 알을 낳아요. 덕분에 구더기를 닮은 애벌레는 자신을 감싼 잎을 뜯어 먹으면서 안전하게 자랄 수 있지요. 애벌레도 어른벌레처럼 먹이를 자를 수 있는 강력한 턱을 가졌어요.

● **머리 관절**
이 부분이 있어서 머리를 위아래로 움직일 수 있어요.

● **딱지날개**
단단한 앞날개가 열리면 레이스 같은 뒷날개가 펼쳐져요.

기린바구미의 특징

실제 크기 ▶

길이 : 수컷 1.3~2.2cm, 암컷 1.3cm
먹이 : 열대의 담쟁이와 관목 잎
수명 : 애벌레로 몇 주에서 몇 개월, 어른벌레로 겨우 며칠에서 몇 주
사는 곳 : 마다가스카르

딱정벌레목 21 가뢰 Blister Beetle

관절
위협을 느끼면 다리 관절에서 노란색 액체가 나오는데, 맨살에 닿으면 물집이 잡혀요.

더듬이
촉감을 느끼는 털과 냄새를 맡는 기관으로 덮여 있어요.

독
식물에서 얻은 독성 물질을 몸에 품고 있어요. 잡아먹는 동물을 중독시킬 수 있어요.

다리
애벌레 때는 다리가 아주 긴데, 허물을 벗을 때마다 점점 짧아져요.

가뢰 이야기

가뢰는 반짝반짝 윤기가 나서 시선을 끌지만, 함부로 손을 대면 절대 안 돼요. 아주 잠깐만 만져도 불에 덴 것처럼 따갑고 피부에 물집이 잡히거든요. 이건 가뢰의 몸에 강력한 독이 있기 때문이에요. 그래서 소나 말 같은 초식 동물들이 풀과 함께 가뢰를 삼켰다가는 얼마 지나지 않아 몸 안팎에 물집이 잡히고 고통에 시달리게 된답니다. 심하면 죽을 수도 있어요!

가뢰의 특징

실제 크기 ▶

길이 : 암컷 0.5~4cm, 수컷은 조금 더 작음
먹이 : 애벌레는 곤충의 알과 애벌레, 어른벌레는 식물
수명 : 약 1년
사는 곳 : 전 세계

딱정벌레목 22
나미브사막거저리
Head-stander Beetle

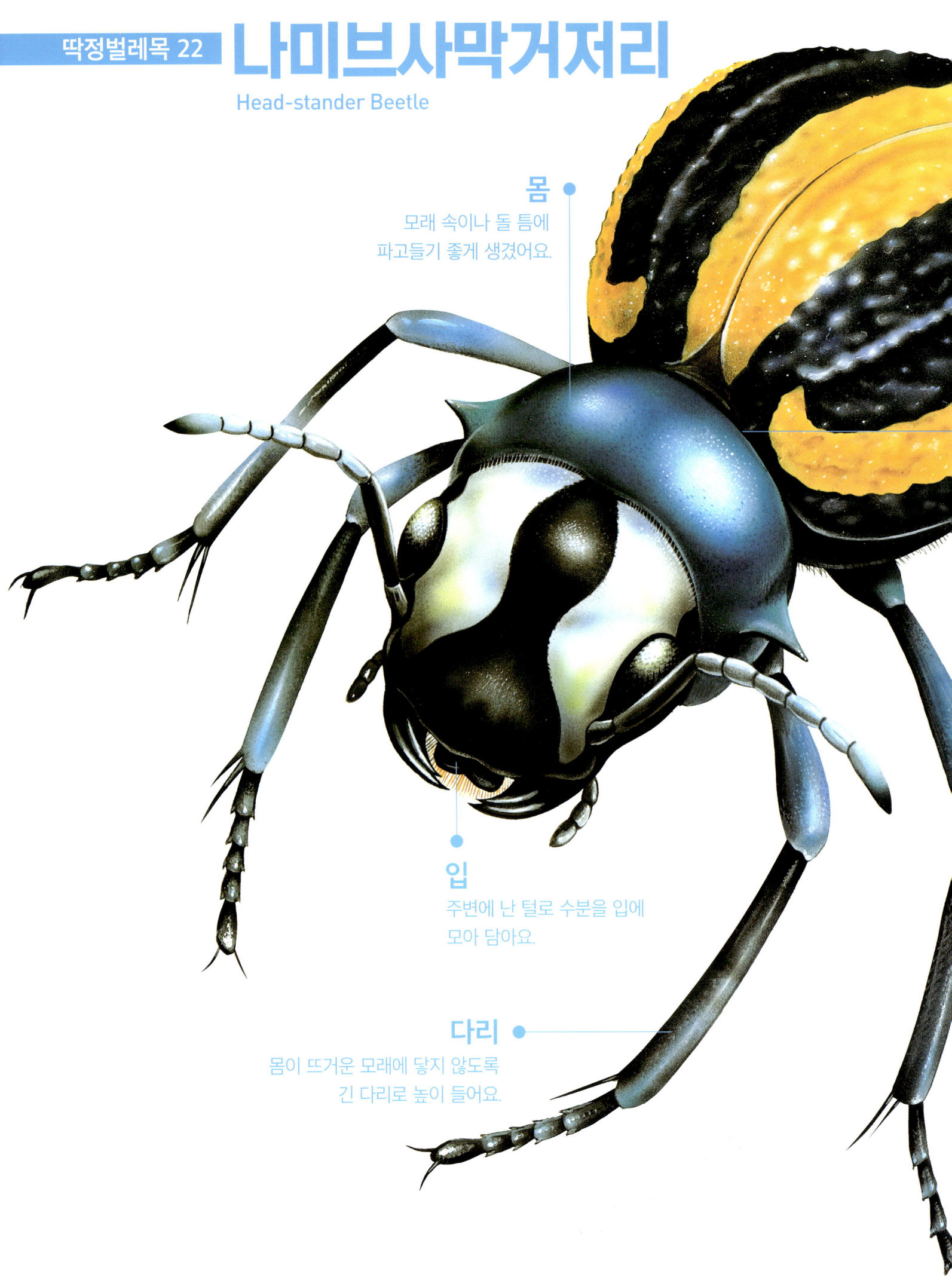

몸
모래 속이나 돌 틈에
파고들기 좋게 생겼어요.

입
주변에 난 털로 수분을 입에
모아 담아요.

다리
몸이 뜨거운 모래에 닿지 않도록
긴 다리로 높이 들어요.

- **딱지날개**
  안개의 수증기가 오돌토돌한 돌기에 붙어서 이슬처럼 맺혀요.

- **마디**
  마디에 난 가느다란 털이 모래가 들어오지 않게 막아 줘요.

나미브사막거저리 이야기

사막은 곤충에게도 매우 살기 힘든 곳이에요. 먹을 것도, 마실 것도 부족한 데다 몸이 뜨겁게 익지 않도록 계속해서 그늘을 찾아다녀야 하거든요. 하지만 나미브사막거저리는 사막에서 살아남는 방법을 찾아냈어요! 나미브사막거저리는 바다를 향한 모래 언덕 꼭대기로 올라가서, 머리를 숙이고 꽁무니를 번쩍 들어요. 그리고 그 상태로 바다에서 축축한 안개가 날아올 때까지 꼼짝 않고 서 있어요. 그렇게 한참이 지나면 몸에 송골송골 물방울이 맺히고, 입 쪽으로 또르르 떨어지지요.

나미브사막거저리의 특징

실제 크기 ▶

길이 : 최대 4cm, 암컷이 더 큼
먹이 : 애벌레는 식물, 어른벌레는 식물, 고기, 동물의 배설물
사는 곳 : 아프리카 나미브 사막

딱정벌레목 23

미국사막거저리
Desert Stink Beetle

분사
적이 나타나면 꽁무니에서
독성 화학 물질을 빠르게 뿜어내요.

딱지날개
단단하게 굳은 앞날개가 몸의 수분이
날아가지 않도록 딱 붙어 있어요.

턱
힘이 세고 날카로워서 가위처럼
먹이를 잘게 조각낼 수 있어요.

배
배에 있는 분비샘에서 냄새나는 독성 물질이 만들어져요.

다리
뒷다리가 길어서 어기적어기적 걷지만, 꽁무니를 번쩍 들어 올리기는 좋아요.

미국사막거저리 이야기

사막에 사는 건 너무 힘든 일이에요. 게다가 영양가가 많은 딱정벌레는 늘 다른 동물들의 공격을 조심해야 하지요. 그래서 미국사막거저리는 자기 몸을 지킬 수 있는 특별한 방법을 개발했어요. 조금이라도 위험하다는 느낌이 들면, 그 자리에 딱 멈춰서 스컹크처럼 꽁무니를 번쩍 들고 냄새 나는 가스를 발사하는 거예요! 이 가스에 닿으면 꼭 고춧가루가 들어간 것처럼 눈과 코가 따가워지기 때문에, 모두들 달아날 수밖에 없어요.

미국사막거저리의 특징

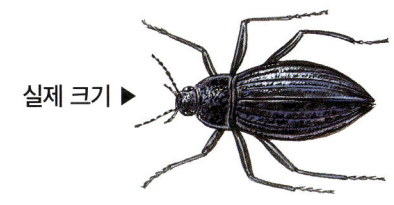
실제 크기 ▶

길이 : 2~3.5cm
먹이 : 썩은 식물과 동물, 균류, 동물의 배설물
수명 : 3년 이상
사는 곳 : 미국 남서부의 사막 지대

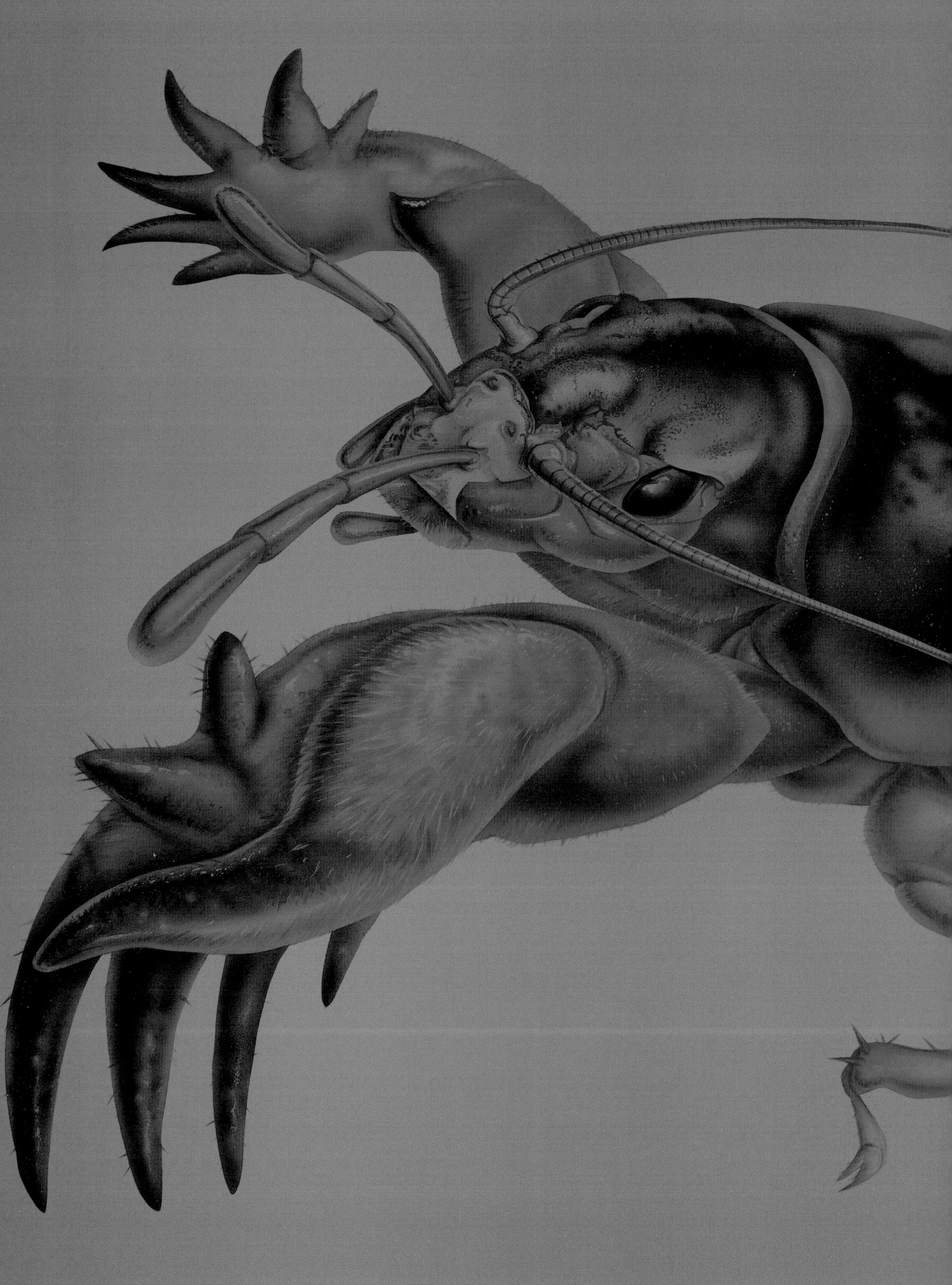

메뚜기목·사마귀목 바퀴목·대벌레목

Orthoptera·Mantodea·Blattodea·Phasmida

이번에 소개하는 곤충들은 모두 '알 ⇨ 애벌레(유충) ⇨ 어른벌레(성충)'로 '불완전 탈바꿈'을 하는 곤충들이에요. 앞서 만난 곤충들과 다르게 '번데기' 단계를 거치지 않는 것이 특징이지요. 여치와 메뚜기, 그리고 사마귀와 바퀴벌레, 흰개미는 서로 생김새는 다르지만 끼리끼리 가까운 관계예요. 그래서 신기하게도 개미는 벌목에 속하지만, 흰개미는 바퀴목에 속한답니다. 알수록 재미있는 곤충 친구들이에요.

메뚜기목 01 멋쟁이메뚜기 Elegant Grasshopper

더듬이
더듬이에는 30개 정도의 마디가 있어요.

색깔
화려한 색은 독이 있다는 경고의 표시예요.

입
여러 겹으로 이뤄진 턱으로 질긴 식물도 얼마든지 잘라 먹어요.

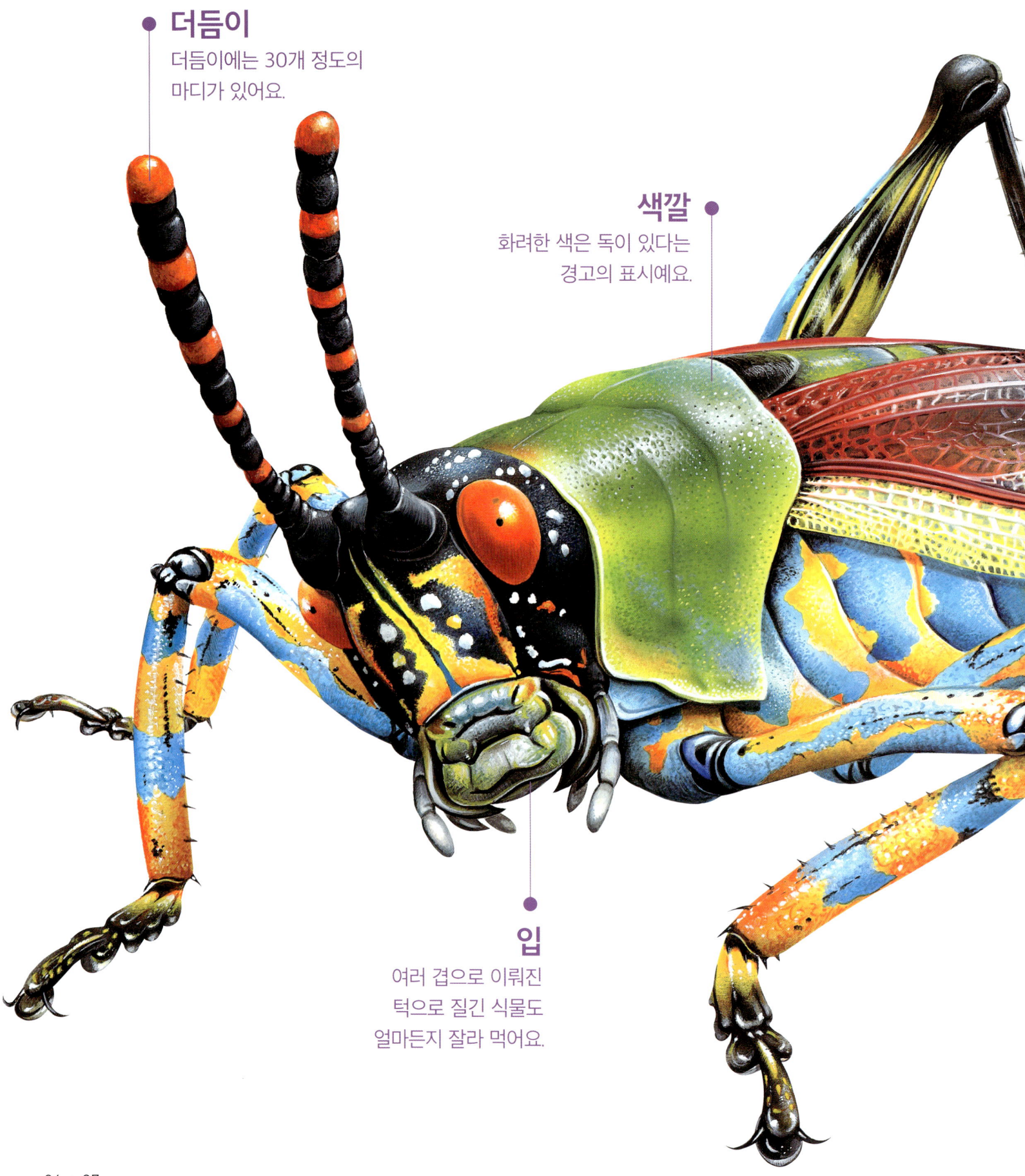

뒷다리
뛸 때는 강한 근육의 뒷다리를 쭉 펴면서 펄쩍 날아올라요.

뒷날개
사용하지 않을 때는 튼튼한 앞날개 밑에 가지런히 접어 놓아요.

멋쟁이메뚜기 이야기

아프리카에 사는 멋쟁이메뚜기는 그 이름처럼 너무나 멋지고 화려한 외모를 자랑해요. 그래서 마주치면 저절로 다가가게 되지요. 하지만 이 메뚜기를 눈으로만 보지 않고 함부로 건드렸다가는 그림 속의 어린 자칼처럼 혼쭐이 날 거예요! 멋쟁이메뚜기는 독이 있는 식물을 먹고 그 독을 몸속에 저장해 놓거든요. 그뿐만 아니라 다리에서 냄새나는 물질을 내뿜어서 적을 쫓아내지요. 다행히 자칼은 꿀떡 삼켰던 멋쟁이메뚜기를 얼른 토해 냈어요. 이제 다시는 멋쟁이메뚜기를 잡아먹지 않을 거예요.

멋쟁이메뚜기의 특징

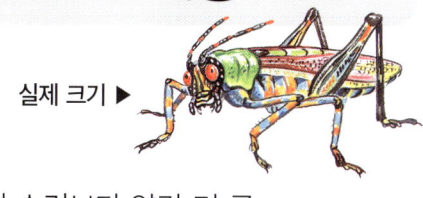

◀ 실제 크기

길이 : 최대 3.5cm, 암컷이 수컷보다 약간 더 큼
먹이 : 잎, 꽃, 밀, 고구마, 커피 등
수명 : 1년 이하
사는 곳 : 사하라 사막 이남 아프리카

메뚜기목 02 사막메뚜기 Desert Locust

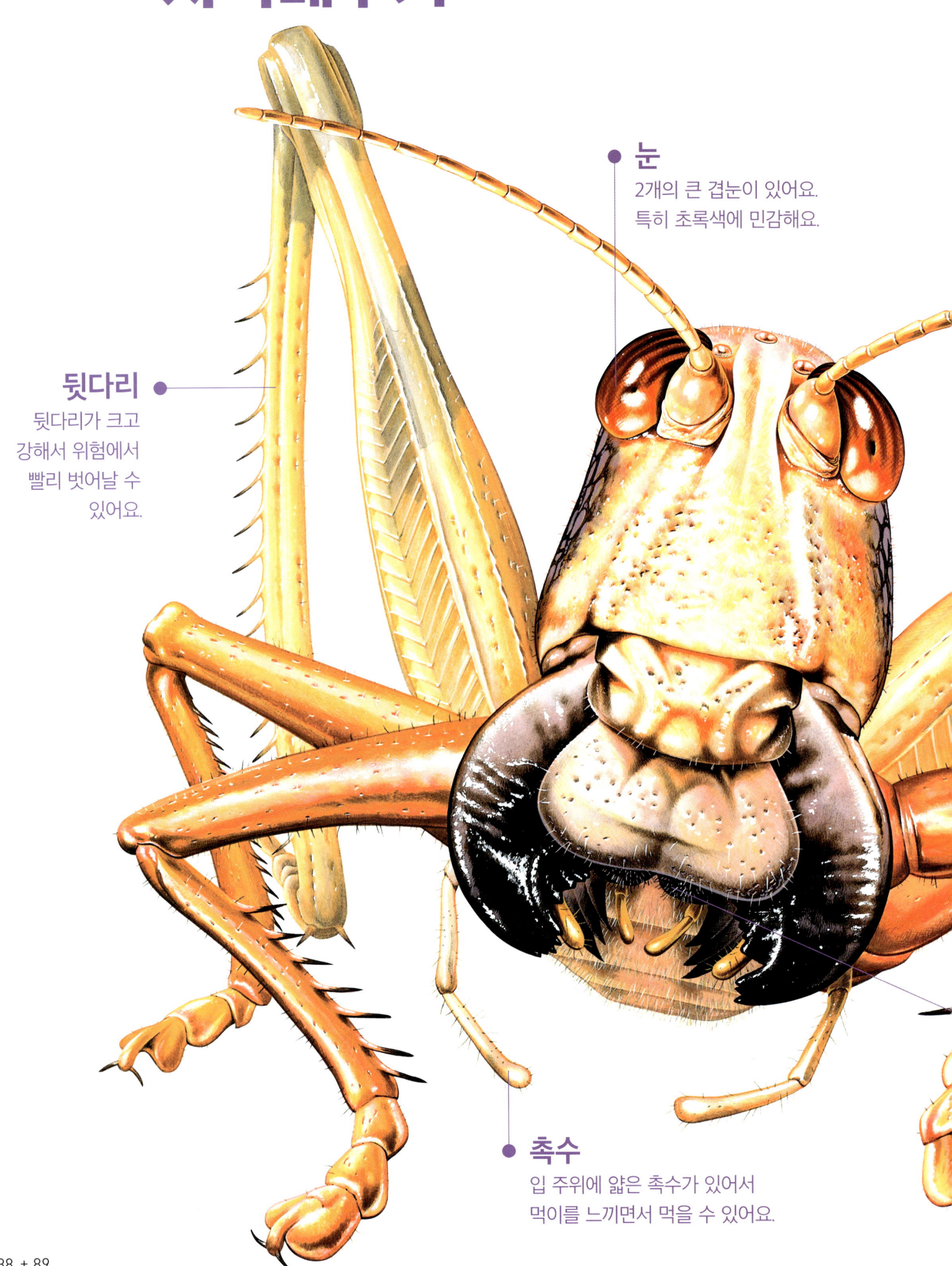

눈
2개의 큰 겹눈이 있어요.
특히 초록색에 민감해요.

뒷다리
뒷다리가 크고 강해서 위험에서 빨리 벗어날 수 있어요.

촉수
입 주위에 얇은 촉수가 있어서 먹이를 느끼면서 먹을 수 있어요.

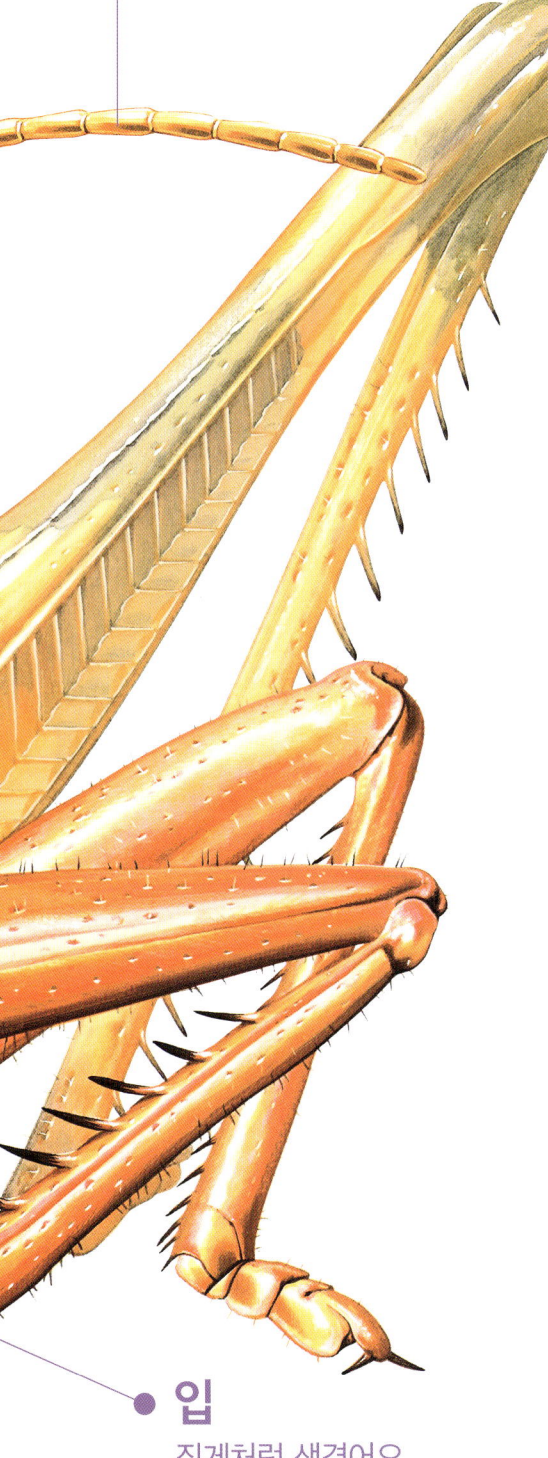

더듬이
냄새를 맡을 수 있는 감각 기관이 있어요.

입
집게처럼 생겼어요. 튼튼하고 날카로워서 질긴 식물도 잘 잘라요.

사막메뚜기 이야기

뜨겁고 건조한 아프리카와 서아시아 지역에도 푸릇푸릇 새싹이 돋아나고 밭이 초록빛으로 물들어요. 하지만 갑자기 하늘이 까만 커튼으로 덮인 것처럼 어두워지면, 농부가 땀 흘려 일군 밭은 순식간에 죽음의 땅이 되어 버려요. 수십억 마리의 사막메뚜기가 몰려다니면서 식물이란 식물은 모조리 먹어 치우거든요. 사막메뚜기는 풀이든 나무든 초록색이면 뭐든지 먹어요. 게다가 독이 든 똥까지 남겨서, 땅을 아예 못 쓰게 만들어 버리고 떠난답니다.

사막메뚜기의 특징

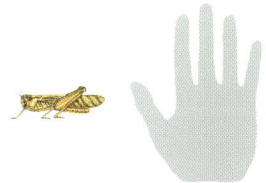

길이 : 최대 9cm
먹이 : 식물의 줄기, 잎, 꽃, 과일 등
수명 : 6개월
사는 곳 : 아프리카 북부와 동부, 서아시아

메뚜기목 03 **유럽여치** Wart-biter

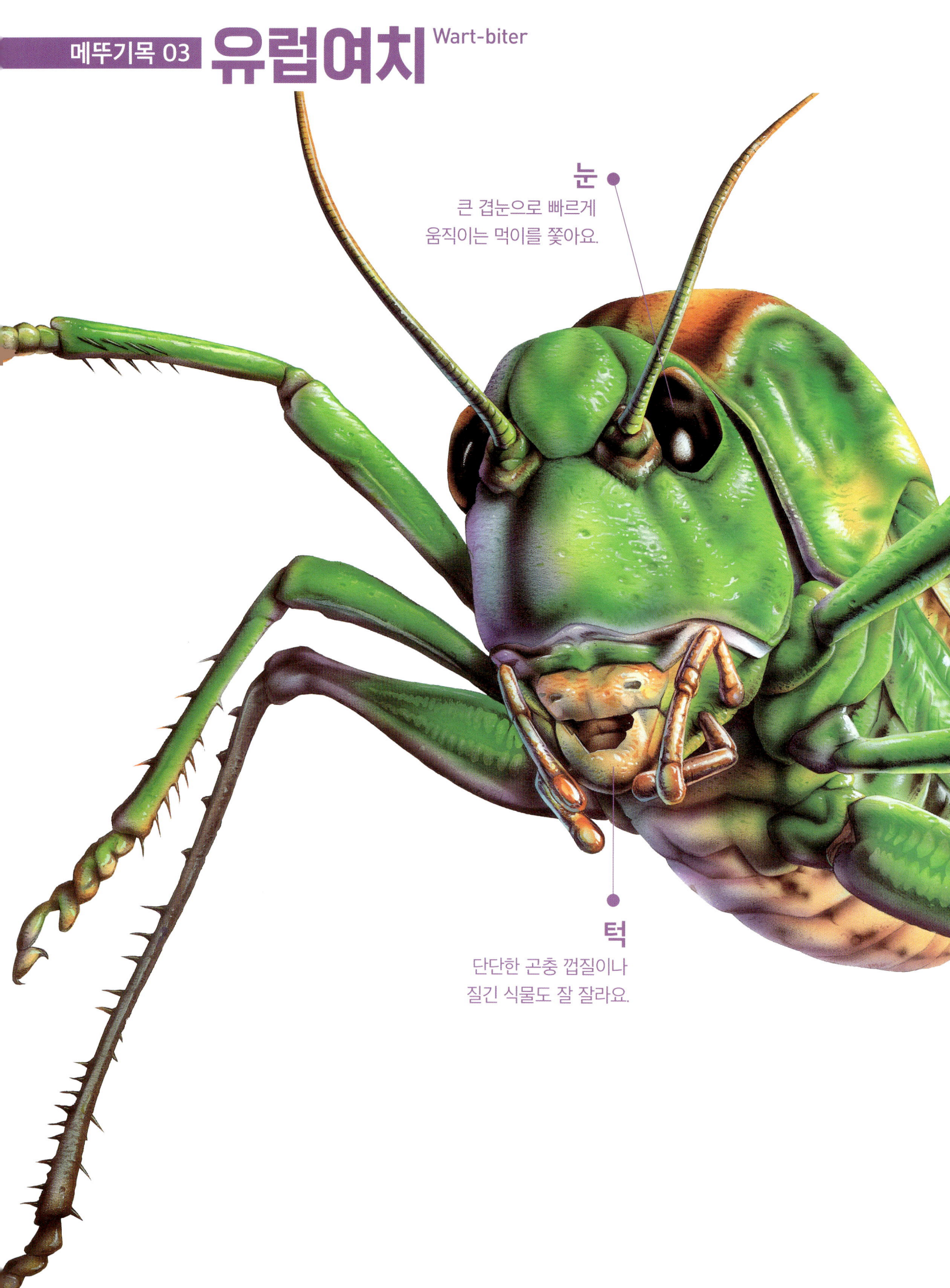

눈
큰 겹눈으로 빠르게 움직이는 먹이를 쫓아요.

턱
단단한 곤충 껍질이나 질긴 식물도 잘 잘라요.

- **앞다리**
  여기에 소리를 들을 수 있는 기관이 있어요.

- **앞날개**
  단단해서 잘 날지는 못하지만 잠깐 바람을 타고 움직일 수는 있어요.

- **산란관**
  암컷은 배 끝에 기다란 산란관이 있어요.

유럽여치 이야기

이 여치는 꼭 먹기 위해 사는 것 같아요. 단단한 껍데기 속에 숨은 달팽이는 물론 나비와 여치 등 마주치는 모든 것을 먹어 치운답니다. 어떤 때는 잔디밭이나 산으로 소풍 나온 사람들의 손가락을 통통한 애벌레로 착각하고 콱 깨물기도 하지요. 유럽여치가 이렇게 마구 먹는 이유는 어서어서 자라서 짝짓기를 하기 위해서예요. 유럽여치는 작은 알 상태로 최대 6년을 보내지만, 어른벌레가 되고 나서는 겨우 몇 달밖에 못 살거든요.

유럽여치의 특징

길이 : 3~4cm, 암컷은 산란관까지 최대 8cm
먹이 : 모든 종류의 식물과 무척추동물
수명 : 알로 2~6년, 어른벌레로 겨우 몇 달
사는 곳 : 유럽, 몽골, 중국 북부, 러시아, 일본 홋카이도

메뚜기목 04 갑옷땅여치 Armored ground cricket

더듬이
몸길이의 2배나 돼요.
예민해서 밤에도
방향을 잘 찾아요.

발톱
발마다 발톱이 있어서
식물의 줄기를 타고 오를 수 있어요.

다리
강한 뒷다리로 적을 차요. 날카로운 가시가 상처를 남겨요.

분비 기관
쓰고 고약한 냄새가 나는 액체를 내뿜어서 적을 물리쳐요.

갑옷땅여치 이야기

갑옷땅여치는 몸 전체가 가시 돋친 갑옷으로 덮여 있어요. 먹성이 좋아서 식물부터 자기보다 훨씬 큰 조류나 포유류까지 눈에 보이는 건 뭐든지 먹는데, 심지어 친구도 먹는답니다. 갑옷땅여치는 먹이를 찾아 수천 마리가 무리를 지어서 이동하는데, 그러다 보면 차에 깔려서 죽는 일도 생겨요. 이때 살아남은 여치들이 죽거나 다친 친구들을 잡아먹는 거죠. 몹시 잔인해 보이지만, 아프리카에서 이만큼 단백질이 풍부한 먹이를 찾기 어렵기 때문에 어쩔 수 없는 일이랍니다.

갑옷땅여치의 특징

실제 크기 ▶

길이 : 4~6cm
먹이 : 식물, 같은 여치를 포함한 곤충과 동물
수명 : 1년
사는 곳 : 아프리카

메뚜기목 05 사가페도 Saga Pedo

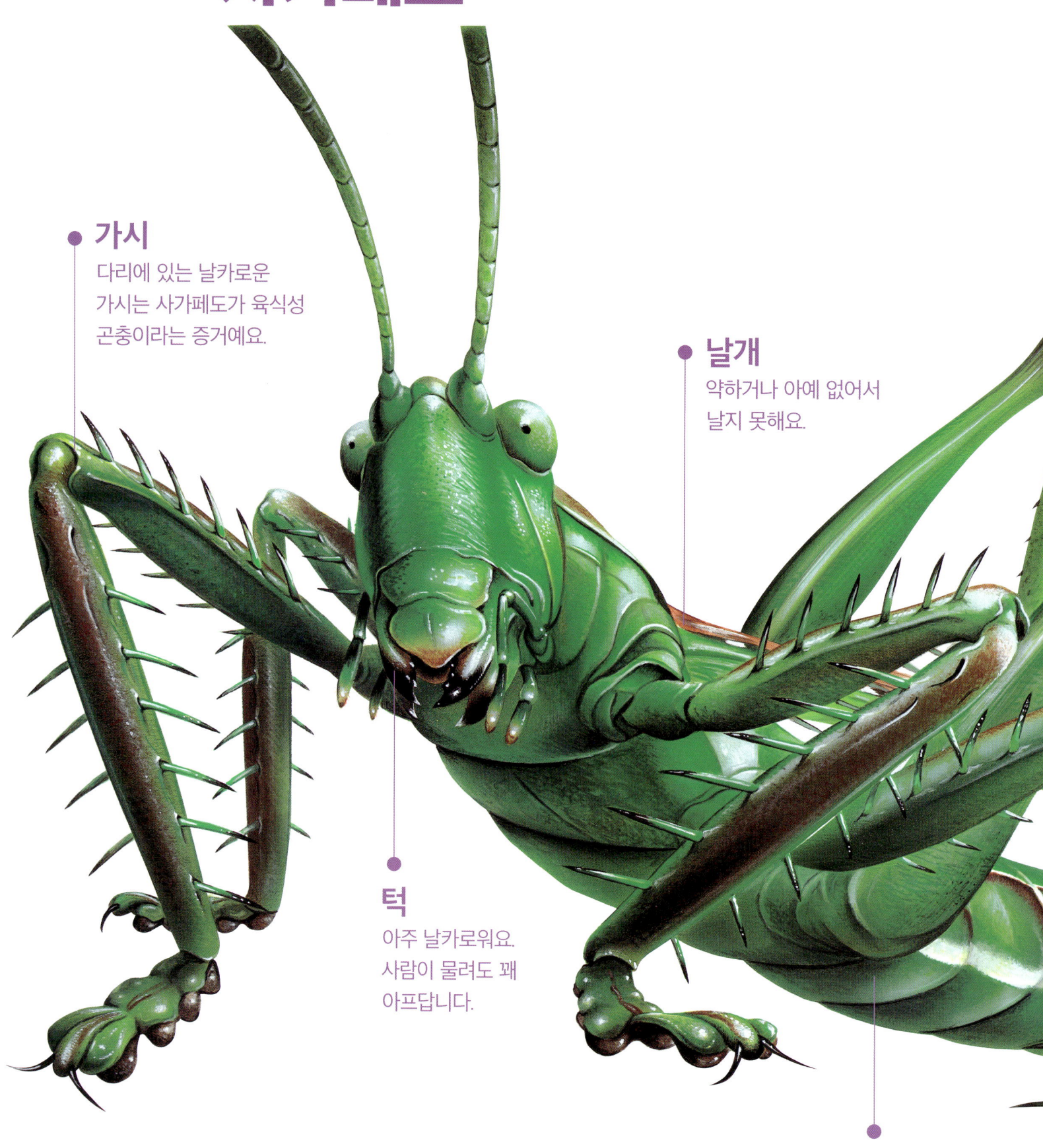

가시
다리에 있는 날카로운 가시는 사가페도가 육식성 곤충이라는 증거예요.

날개
약하거나 아예 없어서 날지 못해요.

턱
아주 날카로워요. 사람이 물려도 꽤 아프답니다.

색깔
옅은 녹색에서 갈색까지 다양해요. 덤불 속에 숨어 있다가 공격하기 좋아요.

사가페도 이야기

사가페도는 커다란 육식성 여치예요. 식물은 입에도 안 대고, 살아 있는 곤충의 신선한 살만 먹는 잔혹한 사냥꾼이랍니다. 사가페도는 자기보다 작은 곤충부터 자기와 같은 여치, 그리고 개구리처럼 큰 동물까지 모두 잡아먹어요. 삐죽삐죽 가시 돋친 앞다리로 꼼짝 못 하게 붙잡은 뒤, 날카로운 턱으로 머리 뒤쪽부터 파먹지요. 사가페도는 특이하게 다르게 수컷과 짝짓기를 하지 않고도 알을 낳을 수 있어요.

사가페도의 특징

산란관
암컷은 배 끝에 있는 기다란 산란관으로 땅속에 알을 낳아요.

길이 : 암컷은 산란관(4cm)을 포함해 최대 12cm
먹이 : 같은 여치를 포함한 모든 곤충
사는 곳 : 유럽, 아프리카, 오스트레일리아

메뚜기목 06 자이언트웨타 Giant Weta

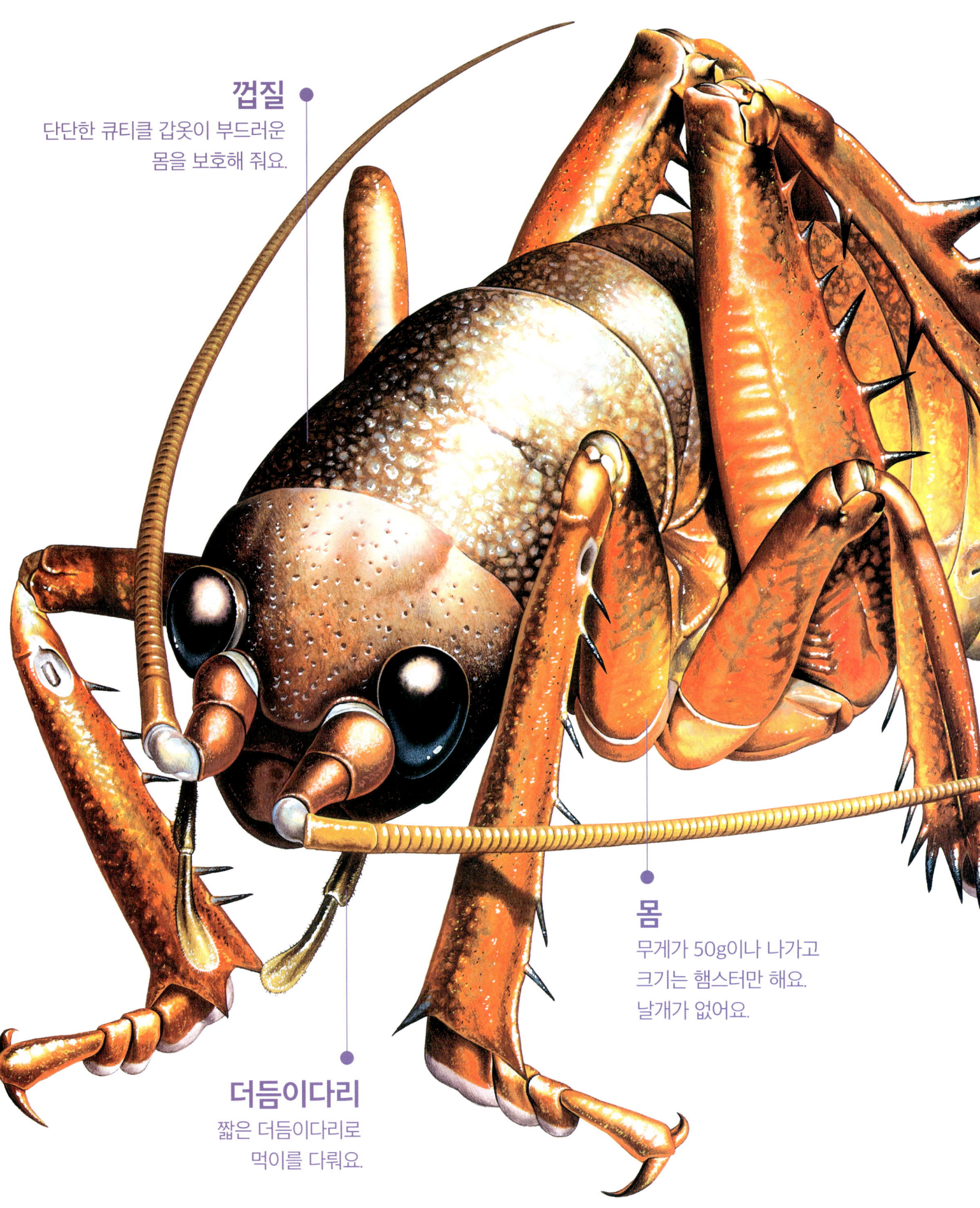

껍질
단단한 큐티클 갑옷이 부드러운 몸을 보호해 줘요.

몸
무게가 50g이나 나가고 크기는 햄스터만 해요. 날개가 없어요.

더듬이다리
짧은 더듬이다리로 먹이를 다뤄요.

가시
다리마다 날카로운 가시가 나 있어요.
특히 뒷다리가 가장 무시무시해요.

산란관
암컷은 배 끝에 있는 긴 산란관을 흙 속에 박고 알을 낳아요.

자이언트웨타 이야기

굵직한 몸에 단단한 갑옷, 가시 돋친 다리, 그리고 세계에서 가장 무거운 곤충으로 유명한 자이언트웨타는 '곤충계의 괴물'이라고 할 수 있어요. 그렇다 보니 없애야 할 해충으로 오해를 받았고, 이제는 멸종 위기종이 되어 버렸지요. 자이언트웨타는 살진 몸과 둔한 움직임 탓에 적의 표적이 되기 쉽지만, 절대 만만한 상대가 아니에요. 적이 나타나면 '덤벼!'라고 외치듯이 강한 가시가 달린 뒷다리를 번쩍 치켜들고 겁을 주지요.

자이언트웨타의 특징

길이 : 암컷은 최대 10cm
무게 : 최대 70g
먹이 : 나뭇잎, 익은 과일, 죽은 곤충
수명 : 2~3년
사는 곳 : 뉴질랜드

메뚜기목 07 땅강아지 Mole Cricket

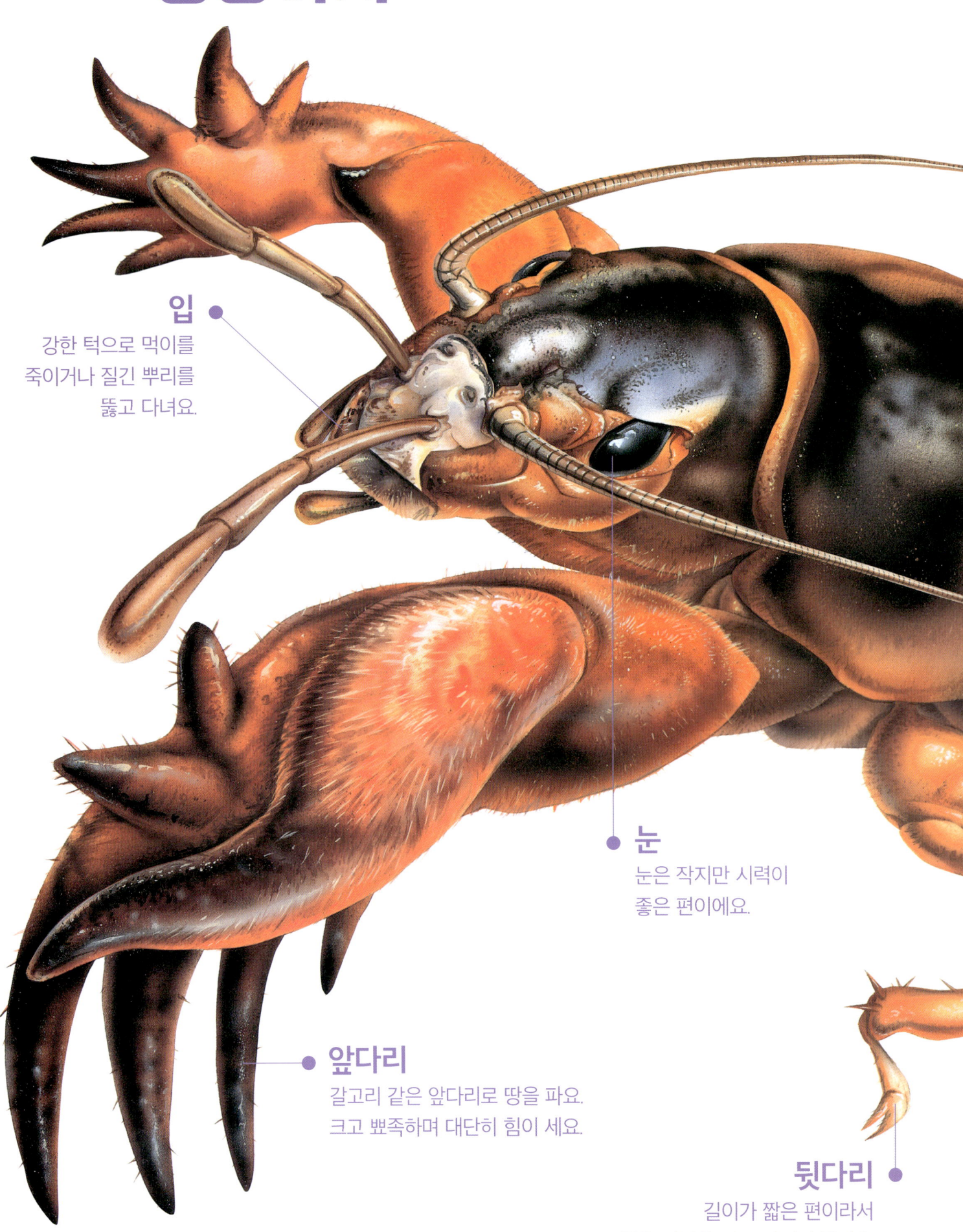

입
강한 턱으로 먹이를 죽이거나 질긴 뿌리를 뚫고 다녀요.

눈
눈은 작지만 시력이 좋은 편이에요.

앞다리
갈고리 같은 앞다리로 땅을 파요. 크고 뾰족하며 대단히 힘이 세요.

뒷다리
길이가 짧은 편이라서 좁은 터널을 파고 다니기 좋아요.

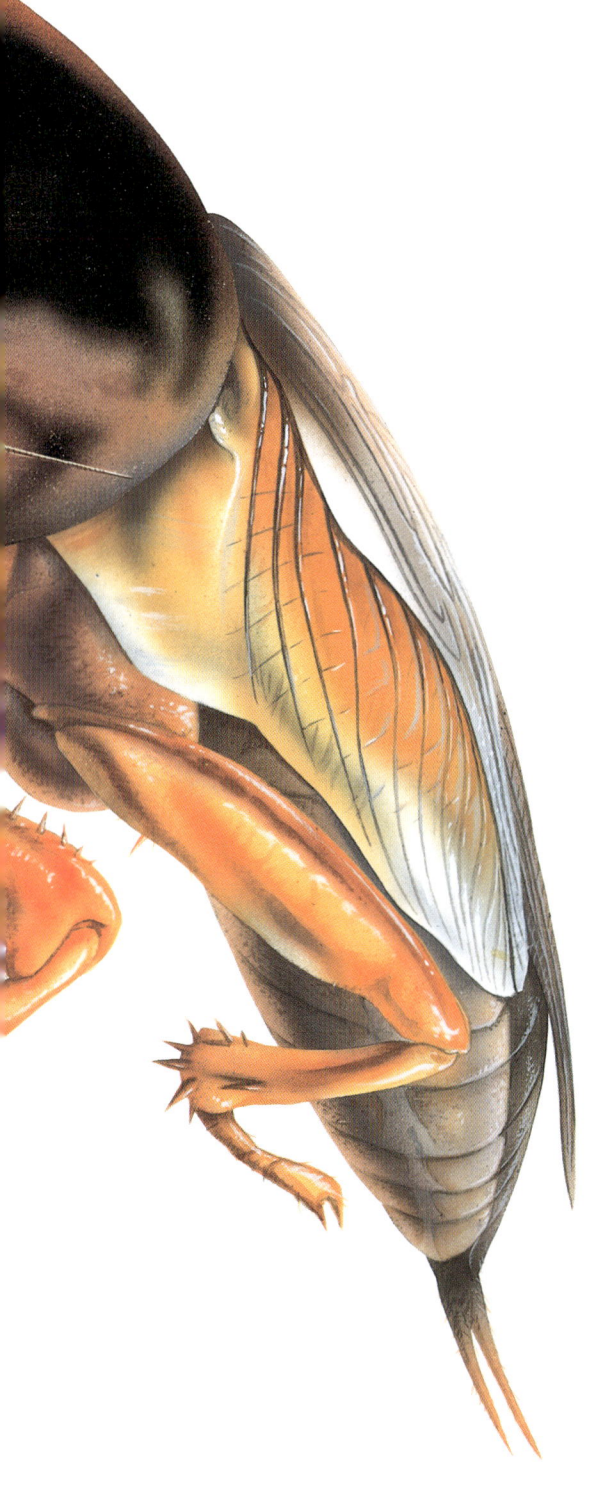

- **더듬이**
  땅속을 잘 돌아다니기 위해서 더듬이가 짧아요.

땅강아지 이야기

작은 불도저처럼 생긴 땅강아지는 땅을 파고 살기에 딱 알맞은 몸을 가지고 있어요. 어느 여름날 저녁, 땅강아지 수컷이 '파바바박' 땅을 파기 시작해요. 하나를 다 파면, 다시 밖으로 나와서 옆에 굴 하나를 더 파요. 2개의 굴은 땅속에서 하나로 이어져요. 모든 작업이 끝나면, 수컷은 이제 그 안에서 암컷을 유혹하는 노래를 불러요. 나팔처럼 생긴 굴이 수컷의 노랫소리를 멀리멀리까지 울려 퍼지게 한답니다.

땅강아지의 특징

실제 크기 ▶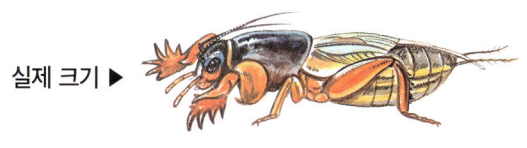

길이 : 3~6cm
먹이 : 지렁이, 곤충 애벌레, 식물 뿌리
수명 : 2~3년
사는 곳 : 아시아, 아프리카, 오스트레일리아, 뉴질랜드

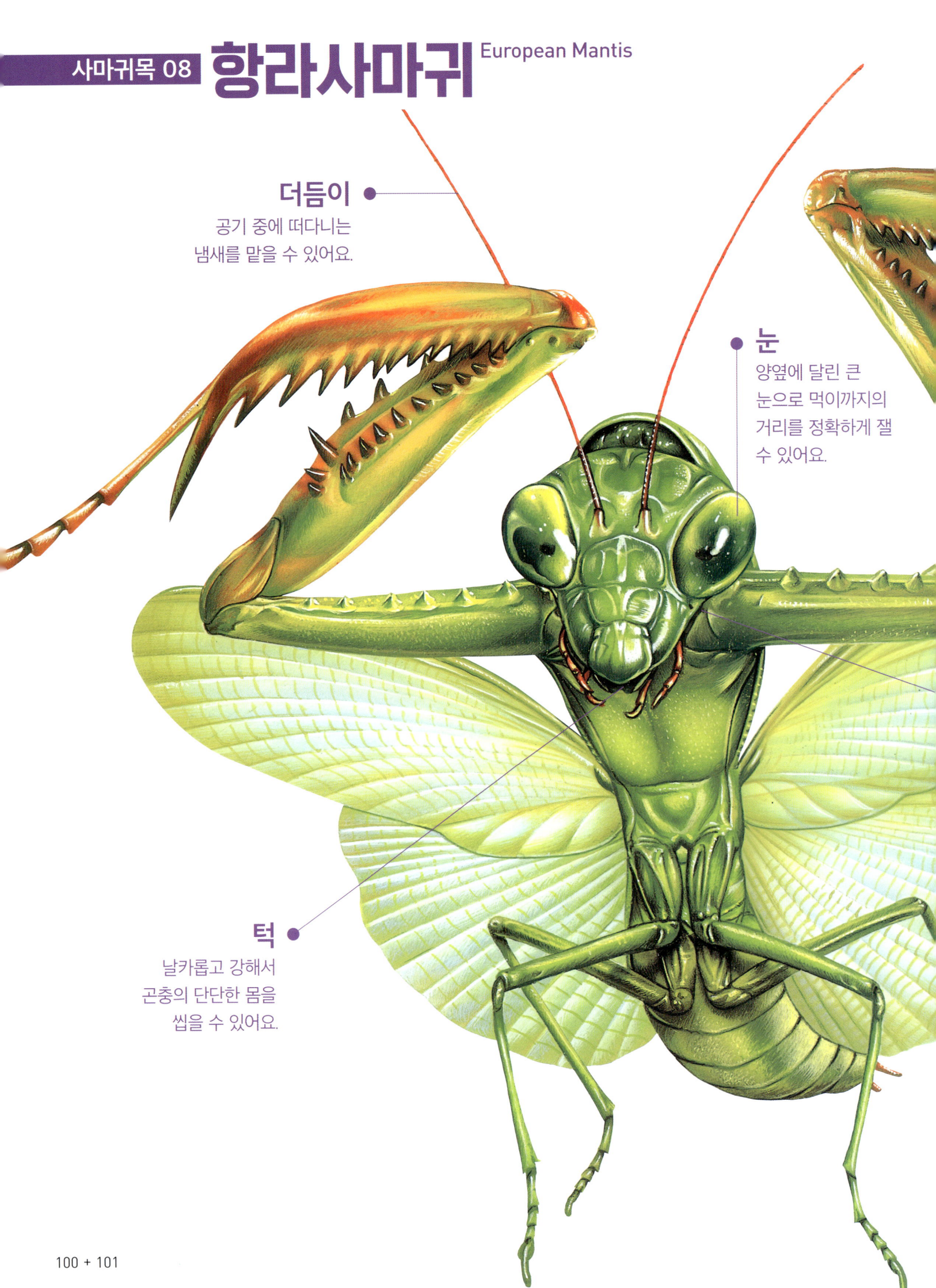

앞다리
매우 빨라서 날아가는 먹이를 수백 분의 1초 만에 낚아챌 수 있어요.

머리와 목
유연한 목 덕분에 머리를 돌리며 주변을 살필 수 있어요.

항라사마귀 이야기

항라사마귀는 두 앞다리를 모으고 있는 모습이 꼭 기도하는 것 같아요. 그래서 영어로 '기도하는 사마귀'라고 불리기도 하지요. 항라사마귀는 그 자세로 가만히 있다가, 먹잇감이 보이면 가시 달린 앞다리를 뻗어서 휙 휘둘러요. 그 속도가 얼마나 빠른지, 우리 눈에는 제대로 보이지도 않는답니다. 가시 돋친 다리로 먹이를 꽉 붙잡은 항라사마귀는 날카로운 턱으로 단단한 껍질도 부숴가며, 마지막 한입까지 깨끗이 먹어 치워요.

항라사마귀의 특징

실제 크기 ▶

길이 : 암컷은 최대 7.5cm, 수컷은 최대 6cm
먹이 : 나비, 메뚜기류
수명 : 6~8개월
사는 곳 : 전 세계

사마귀목 09 꽃사마귀 Ornate Mantis

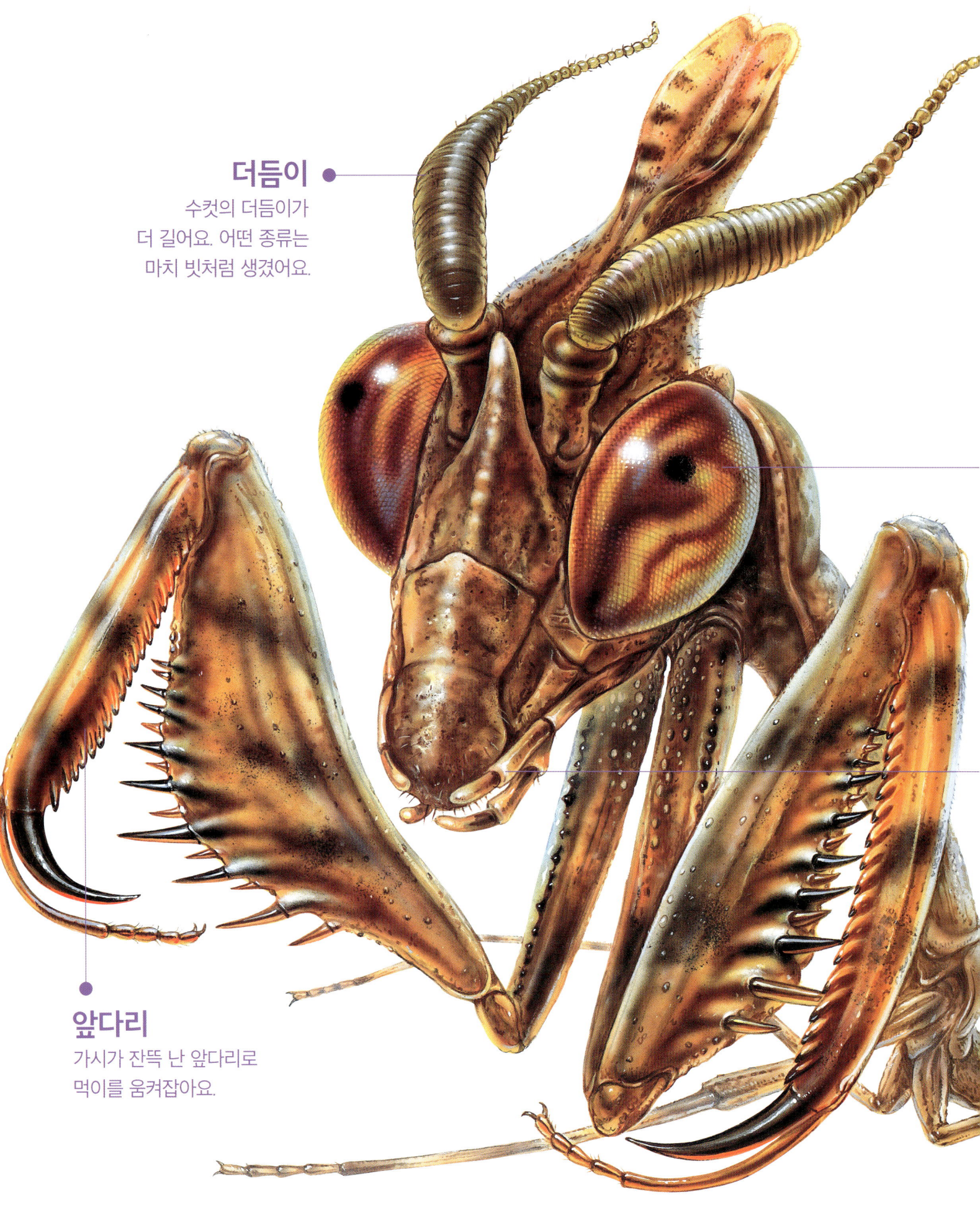

더듬이
수컷의 더듬이가 더 길어요. 어떤 종류는 마치 빗처럼 생겼어요.

앞다리
가시가 잔뜩 난 앞다리로 먹이를 움켜잡아요.

눈
빠르게 날아가는 것은 잘 보지만, 가만히 있는 것은 잘 보지 못해요.

입
강력한 턱으로 먹이를 옆으로 움직이면서 씹어 먹어요.

배
배가 등 뒤로 잘 휘어요.

꽃사마귀 이야기

화려한 무늬를 가진 꽃사마귀가 꽃 위에 얌전하게 앉아 있어요. 꼭 평온하게 쉬고 있는 것처럼 보이지만, 사실은 그렇지 않아요. 언제든지 먹잇감을 사냥할 수 있도록 눈으로 주변을 살피고 있답니다. 그때 배고픈 꽃사마귀가 한 마리 다가와요. 덩치가 더 큰 수컷은 조용히 그 옆으로 다가가요. 그리고 순식간에 가시 돋친 앞다리를 휘둘러서 작은 사마귀를 붙잡은 다음, 날카로운 턱으로 목을 물어서 머리를 끊어 내요. 그러고는 아작아작 씹어서 맛있게 먹는답니다.

꽃사마귀의 특징

길이 : 2~15cm
먹이 : 같은 꽃사마귀를 포함한 곤충
사는 곳 : 아프리카, 유럽 남부, 서아시아, 인도

바퀴목 10 바퀴벌레 Cockroach

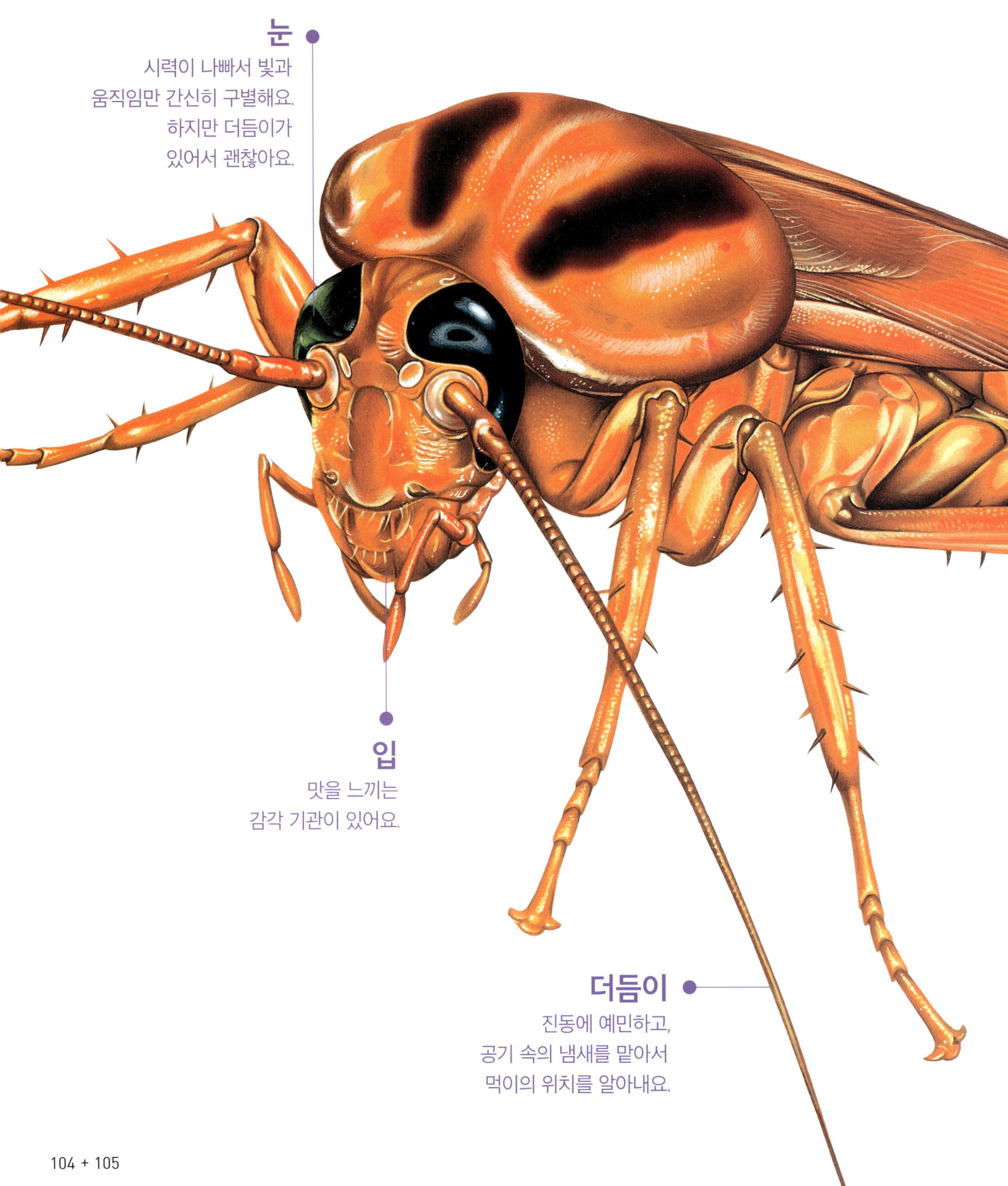

눈
시력이 나빠서 빛과 움직임만 간신히 구별해요. 하지만 더듬이가 있어서 괜찮아요.

입
맛을 느끼는 감각 기관이 있어요.

더듬이
진동에 예민하고, 공기 속의 냄새를 맡아서 먹이의 위치를 알아내요.

바퀴벌레 이야기

바퀴벌레는 아주 오래전부터 지구에 살고 있는 곤충이에요. 3억 년 전에 죽은 바퀴벌레의 화석이 발견되었거든요. 그런데 바퀴벌레는 매우 골치 아픈 해충이랍니다. 바퀴벌레는 여러 마리가 무리를 지어 살고 빠르게 번식해요. 그리고 죽은 바퀴벌레나 배설물, 사람의 침까지 먹지 못하는 게 없어요. 문제는 바퀴벌레가 온몸에 나쁜 세균을 덕지덕지 묻힌 채 우리가 사는 곳 여기저기를 돌아다닌다는 거예요. 특히 새로운 음식을 먹을 때, 앞서 먹었던 음식을 그 위에 토해서 여러 가지 전염병이나 질병의 원인이 되기도 하지요. 하지만 생명력이 강해서 없애기가 쉽지 않아요.

다리
1초에 29cm를 이동할 정도로 매우 빨라요. 발톱이 있어서 천장이나 벽에서도 잘 움직여요.

바퀴벌레의 특징

길이 : 1.5~4.5cm
먹이 : 거의 모든 것
수명 : 2년
사는 곳 : 사람이 사는 곳

실제 크기 ▲

바퀴목 11 마다가스카르휘파람바퀴
Madagascar Hissing Cockroach

귀
바퀴벌레는 무릎 관절에 있는 특수한 기관으로 소리를 들어요.

다리
긴 다리로 몸을 번쩍 치켜들고 나뭇잎 위를 걸어요.

몸
양옆에 있는 숨구멍으로 공기를 내뿜으면서 '쉬잇~쉬잇~' 하고 우는 소리를 내요.

더듬이
움직임과 온도, 냄새를 느낄 수 있는 감각 기관이 130개 가까이 있어요.

뇌
꽁무니 쪽에 두 번째 뇌가 있어서, 머리가 잘려도 몇 주는 더 살 수 있어요.

마다가스카르휘파람바퀴 이야기

마다가스카르휘파람바퀴는 매우 큰 바퀴벌레예요. 원래는 아프리카 대륙 동쪽에 있는 마다가스카르에서만 볼 수 있었는데, 요즘은 애완용으로 기르는 사람도 많아졌어요. 거대한 모습과 독특한 울음소리에 반했기 때문이지요. 마다가스카르휘파람바퀴는 배에 공기를 빵빵하게 채웠다가 배 양옆에 있는 숨구멍으로 빠르게 내보내면서 '쉬잇—' 하는 휘파람 같은 소리를 내요. 이 소리는 귀가 먹먹할 만큼 크고 소름 끼쳐서 깜짝 놀랄 수밖에 없답니다. 맛있는 먹이를 잡았다고 좋아하던 여우원숭이도 깜짝 놀라서 휘파람바퀴를 떨어트리고 말았어요.

마다가스카르휘파람바퀴의 특징

길이 : 3~8cm
먹이 : 과일, 균류, 식물, 동물
수명 : 2~5년

바퀴목 12 나무흰개미 Wood Termite

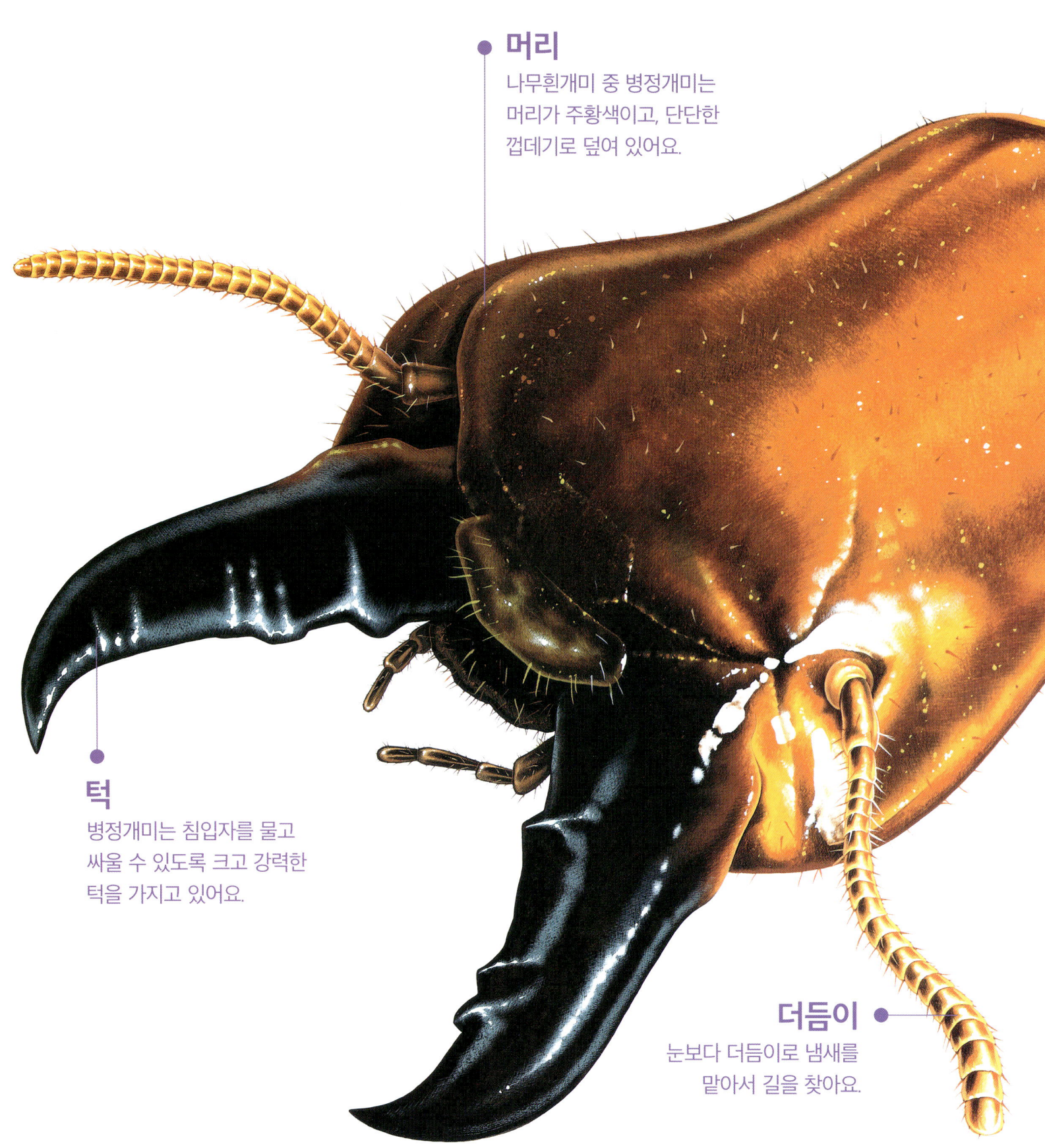

머리
나무흰개미 중 병정개미는 머리가 주황색이고, 단단한 껍데기로 덮여 있어요.

턱
병정개미는 침입자를 물고 싸울 수 있도록 크고 강력한 턱을 가지고 있어요.

더듬이
눈보다 더듬이로 냄새를 맡아서 길을 찾아요.

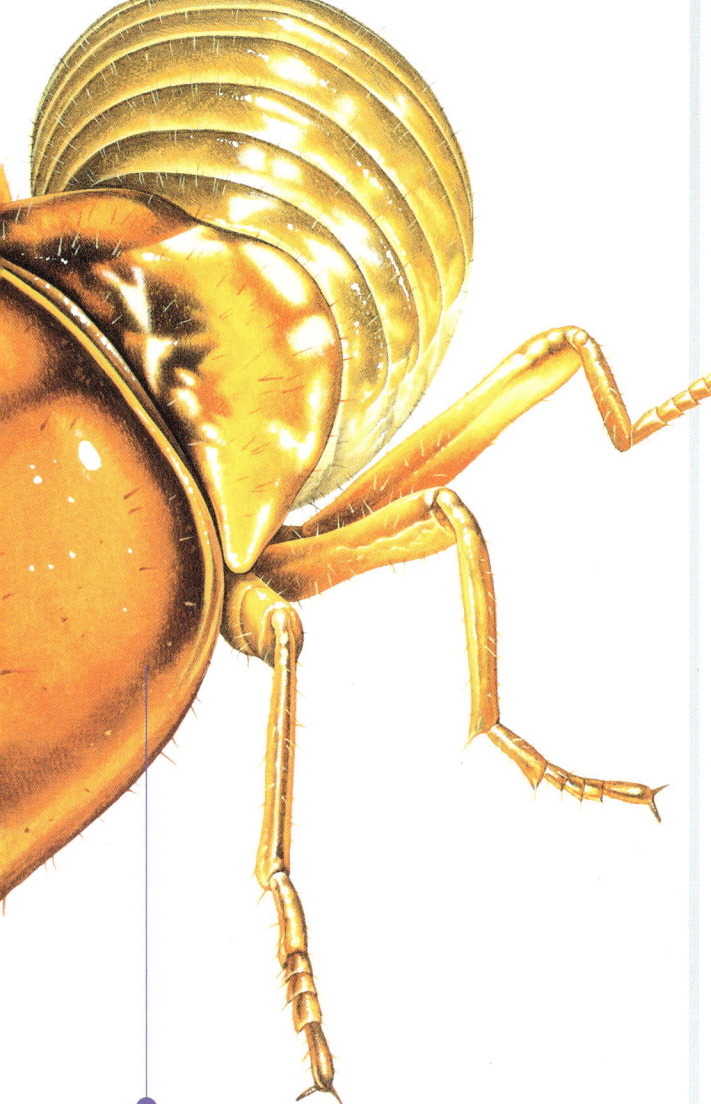

몸
가슴과 배가 구분되지 않고, 일개미와 병정개미는 뱃속이 훤히 들여다보일 정도로 몸이 투명해요.

나무흰개미 이야기

나무흰개미는 거대한 무리를 지어 다니면서 나무를 갉아 먹어요. 1년에 수십억 톤이나 되는 나무를 먹기 때문에 죽은 나무를 처리해야 할 때는 아주 유용해요. 하지만 사람이 사는 집 근처나 궁궐과 사찰 같은 나무로 지어진 문화재가 있는 곳에서는 정말 반갑지 않은 손님이랍니다. 계단, 바닥, 기둥, 손잡이 할 것 없이 나무란 나무는 다 갉아 먹어서, 바닥이 푹 꺼지거나 기둥이 무너질 수도 있거든요.

나무흰개미의 특징

길이 : 애벌레는 최대 1cm, 병정개미는 최대 2cm, 여왕개미는 최대 2.2cm
먹이 : 나무, 죽은 나무흰개미
수명 : 약 1년
사는 곳 : 온대, 열대, 아열대 지역

실제 크기 ▲

대벌레목 13 남부두줄대벌레
Southern Two-striped Walkingstick

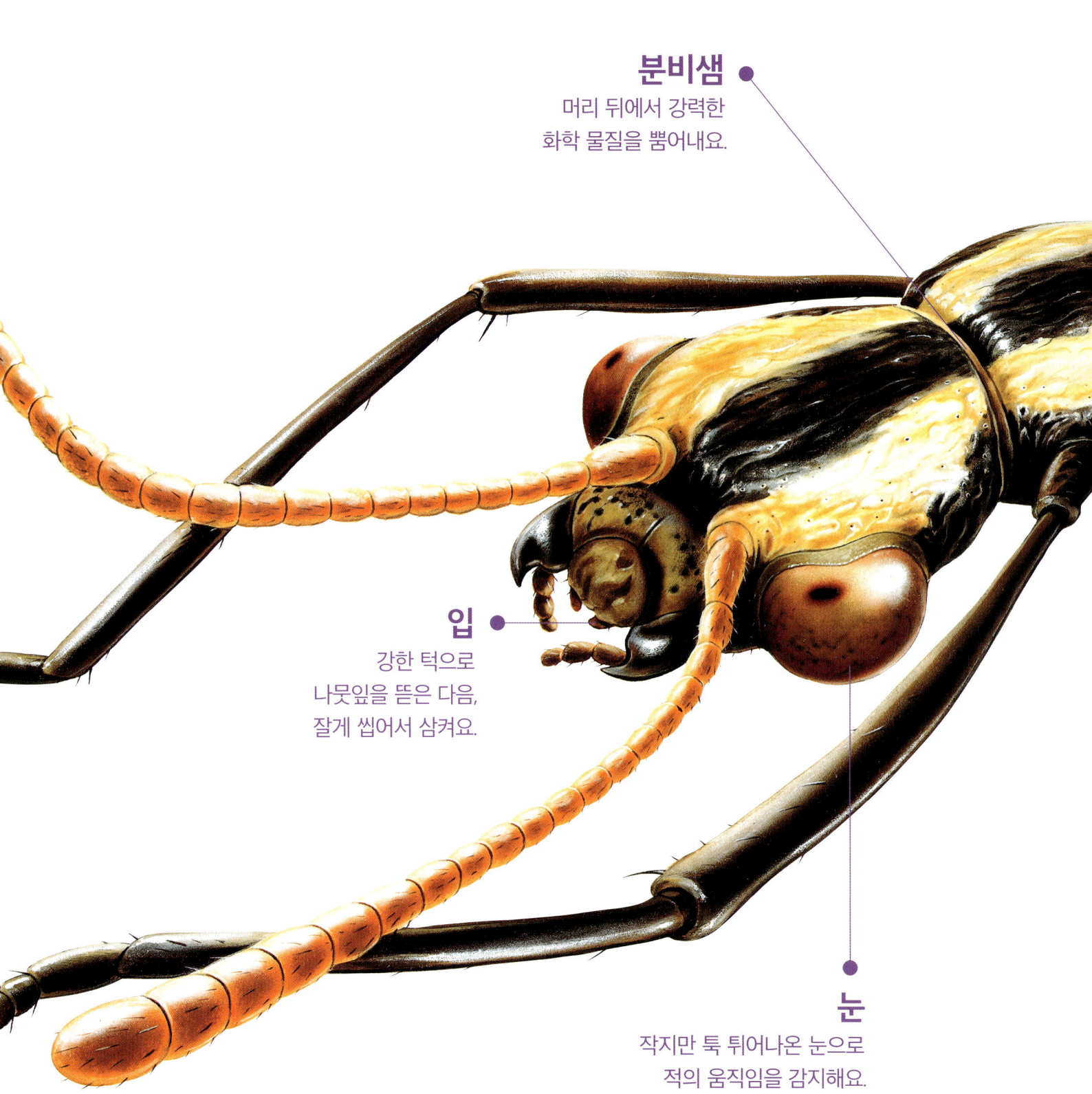

분비샘
머리 뒤에서 강력한 화학 물질을 뿜어내요.

입
강한 턱으로 나뭇잎을 뜯은 다음, 잘게 씹어서 삼켜요.

눈
작지만 툭 튀어나온 눈으로 적의 움직임을 감지해요.

몸
가느다랗고, 검은색과 노란색 줄무늬가 있어서 꼭 나뭇가지처럼 보여요.

가슴
세 마디로 나뉘어 있어서 유연해요. 마디마다 다리가 한 쌍씩 있어요.

남부두줄대벌레 이야기

남부두줄대벌레는 꼭 가느다란 나뭇가지처럼 생겼어요. 그래서 나무 위에 있으면 새도 잘 알아보지 못해요. 또 머리 뒤에서 강력한 화학 물질을 내뿜을 수 있어요. 이 물질이 눈에 들어가면 몇 시간이나 고통에 시달리게 되고, 며칠은 퉁퉁 부은 눈으로 지내야 한답니다. 남부두줄대벌레는 적에게 다리를 붙잡히면 다리를 떼고 도망가는 특징이 있어요. 애벌레는 새로운 다리가 자라지만 어른벌레는 그렇지 않아서, 종종 다리가 없는 대벌레도 보이지요.

남부두줄대벌레의 특징

실제 크기 ▶

길이 : 암컷은 6~7cm, 수컷은 3~4cm
먹이 : 떡갈나무 잎(주로 밤에 먹음)
수명 : 야생에서는 몇 개월, 사육은 더 오래 삶
사는 곳 : 미국 남동부

대벌레목 14 — 매클레이대벌레
Macleay's Spectre

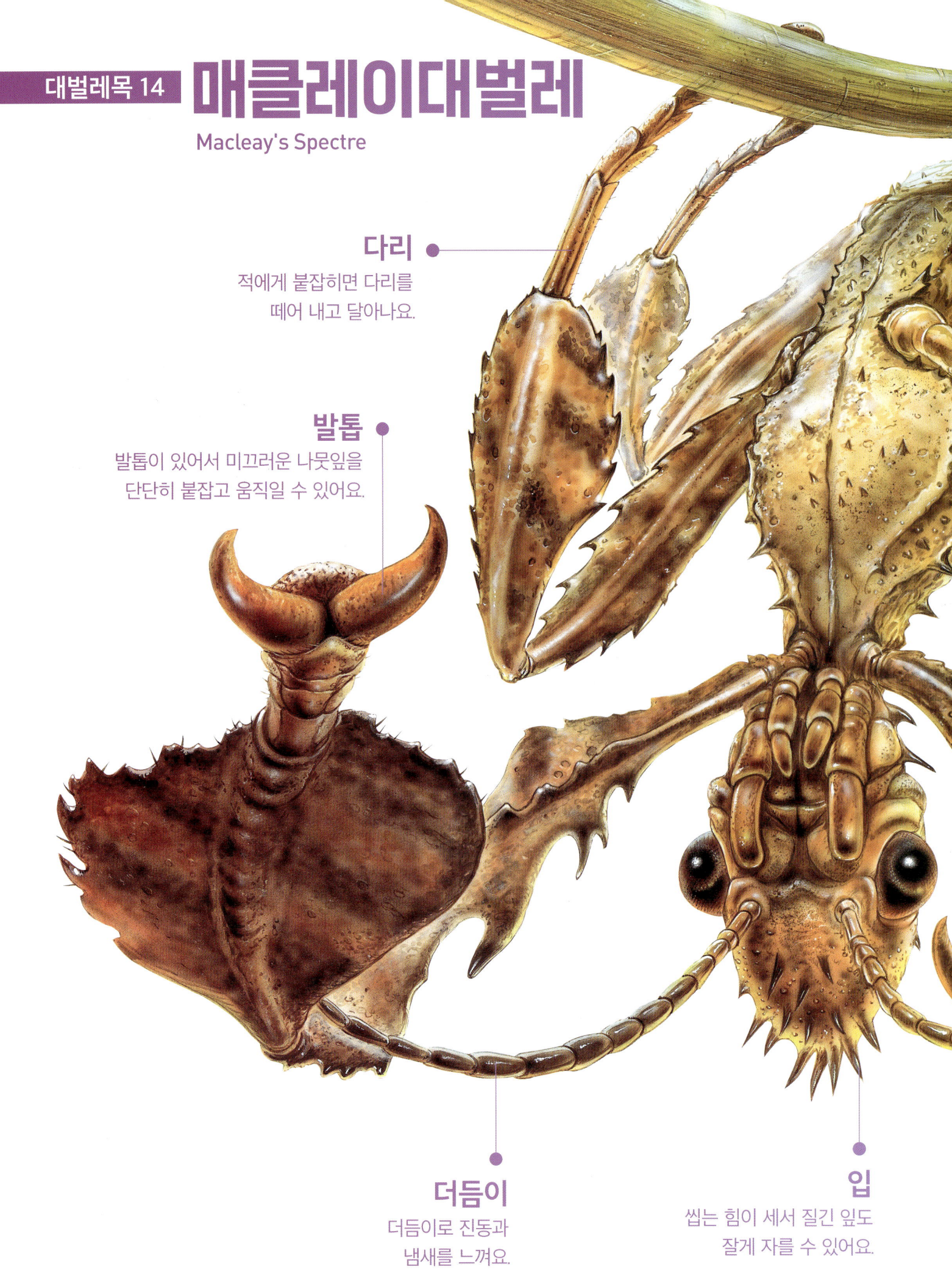

다리
적에게 붙잡히면 다리를 떼어 내고 달아나요.

발톱
발톱이 있어서 미끄러운 나뭇잎을 단단히 붙잡고 움직일 수 있어요.

더듬이
더듬이로 진동과 냄새를 느껴요.

입
씹는 힘이 세서 질긴 잎도 잘게 자를 수 있어요.

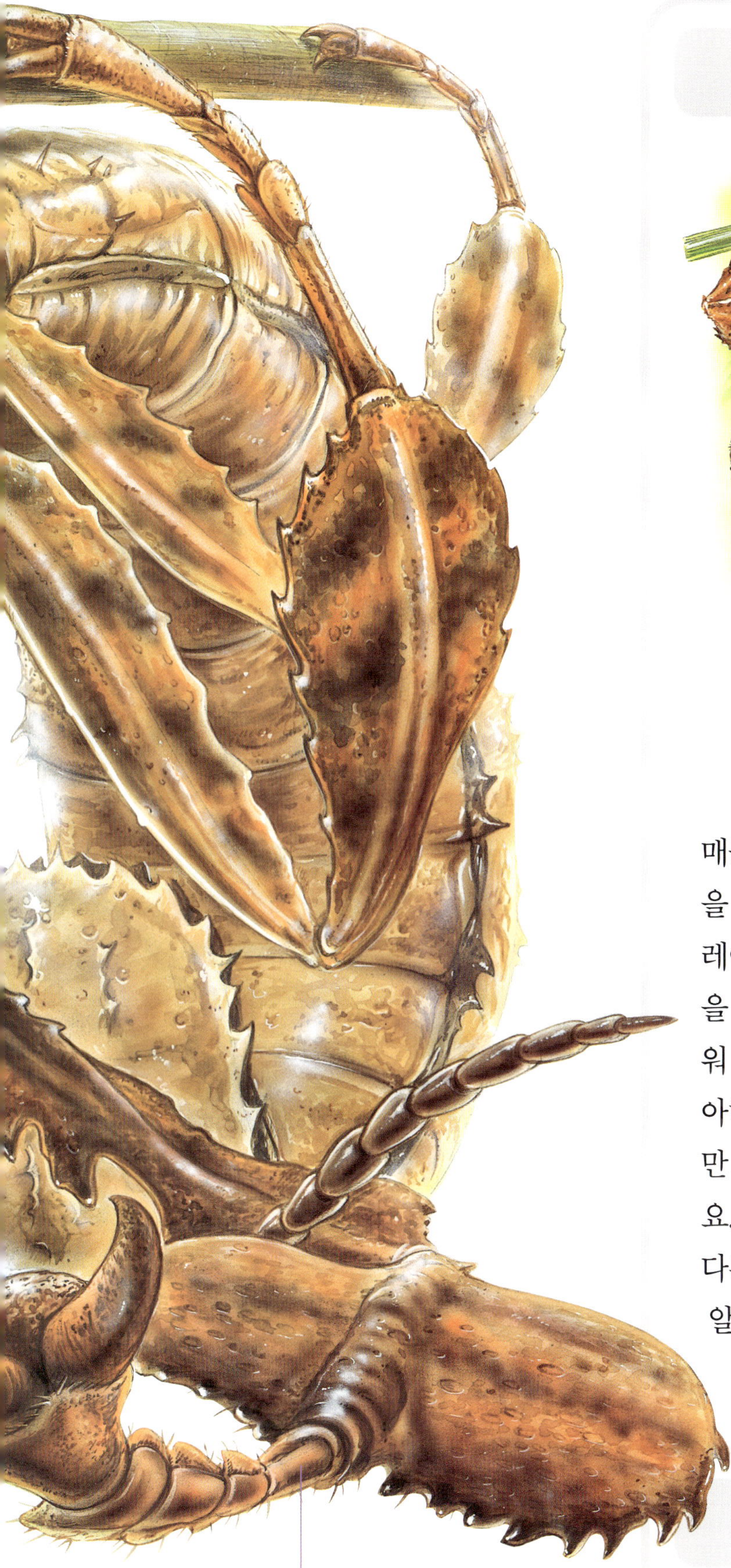

매클레이대벌레 이야기

매클레이대벌레는 아주 특별한 방법으로 자신의 알을 보호해요. 바로 개미들을 이용하는 거예요. 매클레이대벌레 암컷은 나뭇가지에 거꾸로 매달린 채 알을 땅에 던져요. 그러면 개미들이 나타나서 알을 주워 가요. 매클레이대벌레의 알에는 개미가 아주 좋아하는 영양분이 달려 있거든요. 개미는 이 영양분만 똑 떼어 먹은 다음, 알을 집 한구석에 옮겨 놓아요. 덕분에 대벌레의 새끼는 알에서 깰 때까지 새나 다른 동물들의 공격을 피해 무사히 자라게 되지요. 알에서 나온 대벌레의 새끼는 신기하게도 꼭 커다란 개미처럼 생겼어요.

매클레이대벌레의 특징

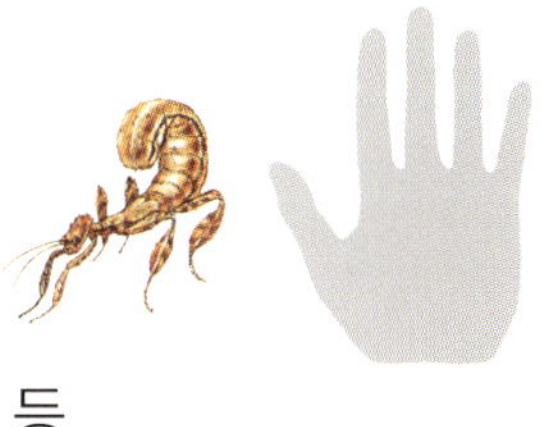

길이 : 암컷 12cm, 수컷 9cm
먹이 : 유칼립투스 잎, 장미, 떡갈나무 등
사는 곳 : 오스트레일리아, 뉴기니

몸통
나뭇가지와 나뭇잎을 꼭 닮았어요.

대벌레목 15 잎사귀벌레 Leaf Insect

배
나뭇잎처럼 바람에 따라 부드럽게 흔들려요.

더듬이
공기 속의 냄새와 진동을 느껴요.

다리
다 자란 어른벌레는 위험해지면 다리를 떼고 달아날 수 있어요.

발톱
발톱이 있어서 식물을 단단히 움켜쥘 수 있어요.

잎사귀벌레 이야기

나뭇잎벌레는 초식 곤충이에요. 그래서 새나 다른 육식 곤충에게 잡아먹히지 않도록 나뭇잎과 똑같이 생긴 몸으로 다른 잎사귀들에 섞여서 숨어 지내요. 그러다가 밤에만 조심스럽게 기어 다닌답니다. 어떤 종류는 잎의 가장자리를 감염시키는 갈색 곰팡이까지 흉내 내서 약간 시든 나뭇잎인 척해요. 또 죽은 잎처럼 온통 갈색이거나 애벌레에게 갉아 먹힌 것처럼 가장자리에 구멍이 뚫린 종류도 있지요. 너무 감쪽같아서 다른 초식 곤충들이 진짜 나뭇잎인 줄 알고 배나 날개를 먹을 때도 있어요!

색깔
쌀쌀하고 흐린 날에는 햇빛을 더 흡수하기 위해서 어둡게 변해요.

잎사귀벌레의 특징

길이 : 5~10cm
먹이 : 즙이 많은 열대 식물의 잎
수명 : 애벌레로 3년, 어른벌레는 몇 주에서 몇 개월
사는 곳 : 동남아시아, 오스트레일리아 북부

노린재목 Hemiptera

노린재목 곤충들은 대부분 몸통이 납작한 달걀 모양이에요. 그리고 길쭉하고 뾰족한 주둥이로 식물의 즙이나 동물의 몸속, 피를 녹여서 쭉쭉 빨아 먹는 것이 특징이랍니다. 노린재목 곤충들도 번데기 단계를 거치지 않는 불완전 탈바꿈을 해요. 대표적인 곤충으로는 매미와 노린재, 소금쟁이, 장구애비 등이 있고, 뱀파이어처럼 우리 피를 빨아 먹는 빈대도 있어요.

노린재목 01 매미 Cicada

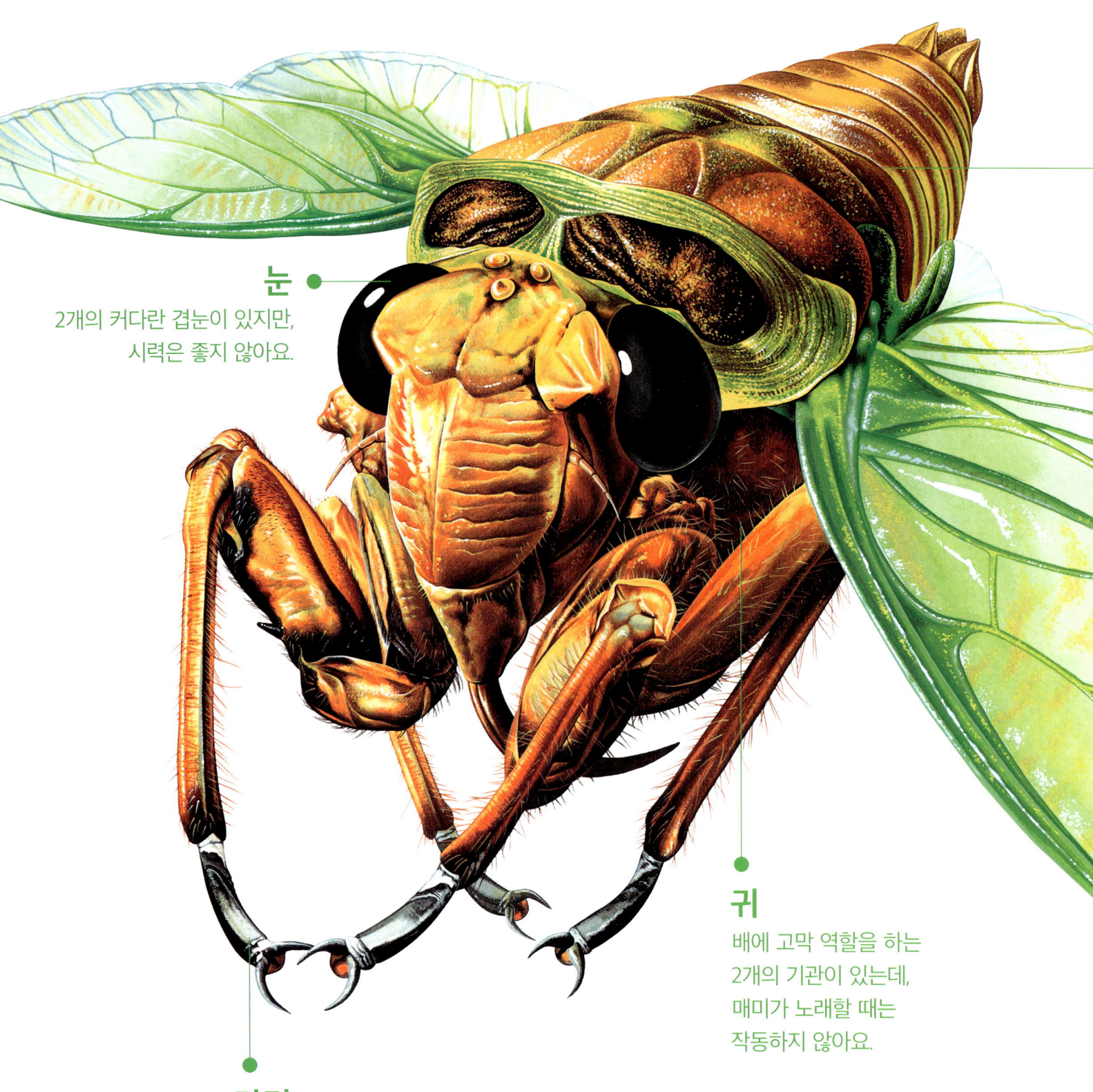

눈
2개의 커다란 겹눈이 있지만, 시력은 좋지 않아요.

귀
배에 고막 역할을 하는 2개의 기관이 있는데, 매미가 노래할 때는 작동하지 않아요.

다리
다리 끝에 갈고리가 있어서, 땅을 파거나 나무에 기어오를 수 있어요.

배
현악기처럼 텅 빈 울림통이 있어요. 여기서 공기가 울려서 시끄러운 소리가 나요.

날개
어른이 된 매미는 2쌍의 날개가 있어요.

매미 이야기

① 매미 애벌레는 몇 년이나 땅속 깊은 곳에서 나무 뿌리의 즙을 빨아 먹으면서 지내요. 그리고 마침내 땅을 파고 나오면, 높은 나무 위로 올라가요.

② 숨기 좋은 장소를 발견하면 허물을 벗기 시작해요. 등에서부터 천천히 갈라지면서 어른 매미가 나타나요.

③ 허물을 완전히 벗으면, 젖어 있는 날개를 햇볕에 말려요. 날개가 단단해져서 하늘을 날 수 있기까지 길게는 6일 정도 걸린답니다.

매미의 특징

길이 : 2.5~5cm
먹이 : 나무줄기나 뿌리의 즙
수명 : 약 17년
사는 곳 : 열대와 온대 지역

노린재목 02 뿔매미 Treehopper

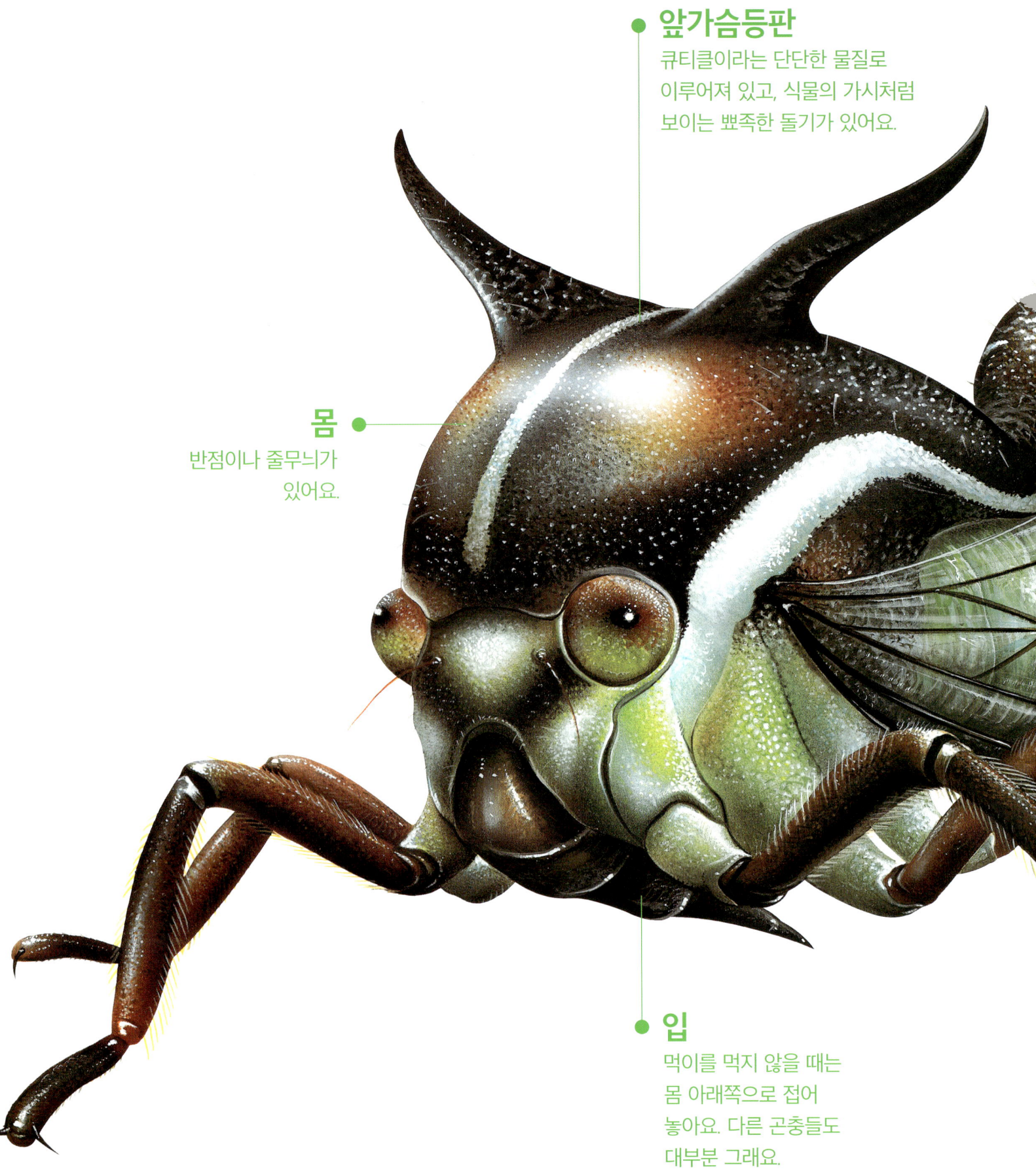

앞가슴등판
큐티클이라는 단단한 물질로 이루어져 있고, 식물의 가시처럼 보이는 뾰족한 돌기가 있어요.

몸
반점이나 줄무늬가 있어요.

입
먹이를 먹지 않을 때는 몸 아래쪽으로 접어 놓아요. 다른 곤충들도 대부분 그래요.

날개
투명한 날개는 거의 앞가슴등판 아래에 숨겨져 있어요.

뿔매미 이야기

뿔매미의 등에는 가시 같은 돌기가 툭 튀어나와 있어요. 하늘을 날 때 불편할 것 같지만, 뿔매미에게 이 돌기는 아주 중요한 역할을 해요.

① 트리니다드에 사는 어떤 뿔매미는 장미 가시 같은 뾰족한 돌기 때문에 식물 줄기에 난 가시처럼 보여요. 특히 여러 마리가 줄지어 있으면 더욱 그렇게 보여서, 적들도 깜빡 속고 만답니다.

② 또 페루에 사는 뿔매미는 적들이 맛없는 먹이라고 생각하도록 밝은 색깔의 돌기를 가지고 있어요.

③ 그리고 브라질에 사는 뿔매미는 특이하게도 개미와 친하게 지내서, 개미들에게 보호를 받아요.

뿔매미의 특징

길이 : 최대 1.5cm
먹이 : 나무즙
수명 : 최대 2년
사는 곳 : 열대 지역

실제 크기 ▲

노린재목 03 악어머리뿔매미 Peanut Head Bug

다리
튼튼한 다리 끝에 날카로운 갈고리가 있어서 나무를 기어오르기 좋아요.

머리
머리 모양이 주둥이가 긴 악어를 닮아서 이런 이름이 생겼어요. 속은 텅 비어 있어요.

눈
작은 겹눈으로 먹잇감의 움직임을 알아채요.

뒷날개
앞날개를 펼치면 밝고 커다란 눈 무늬가 나타나서 적들이 깜짝 놀라요.

앞날개
나무껍질과 색깔이 비슷해서 눈에 잘 띄지 않아요.

악어머리뿔매미 이야기

악어머리뿔매미는 여러 가지 방법으로 자기 몸을 보호해요.

① 앞날개로 뒷날개를 덮고 가만히 있으면 나무껍질처럼 보여서 아무도 알아채지 못해요.

② 만약 들키게 되면, 앞날개를 쫙 펼쳐서 가려져 있던 뒷날개를 보여줘요. 주황색 무늬가 꼭 크고 동그란 부엉이 눈처럼 보여서, 적들을 깜짝 놀라게 만들 수 있거든요.

③ 그래도 적이 덤벼들면 나무나 땅처럼 단단한 곳에 텅 빈 머리를 부딪쳐서 커다란 소리를 내요.

④ 또 날아가다가 적을 만나면 스컹크처럼 고약한 냄새가 나는 독성 물질을 내뿜어서 쫓아 버리지요.

악어머리뿔매미의 특징

길이 : 1~16cm
먹이 : 나무즙
사는 곳 : 중앙 및 남아메리카의 열대 우림

노린재목 04 쥐머리거품벌레 Spittlebug

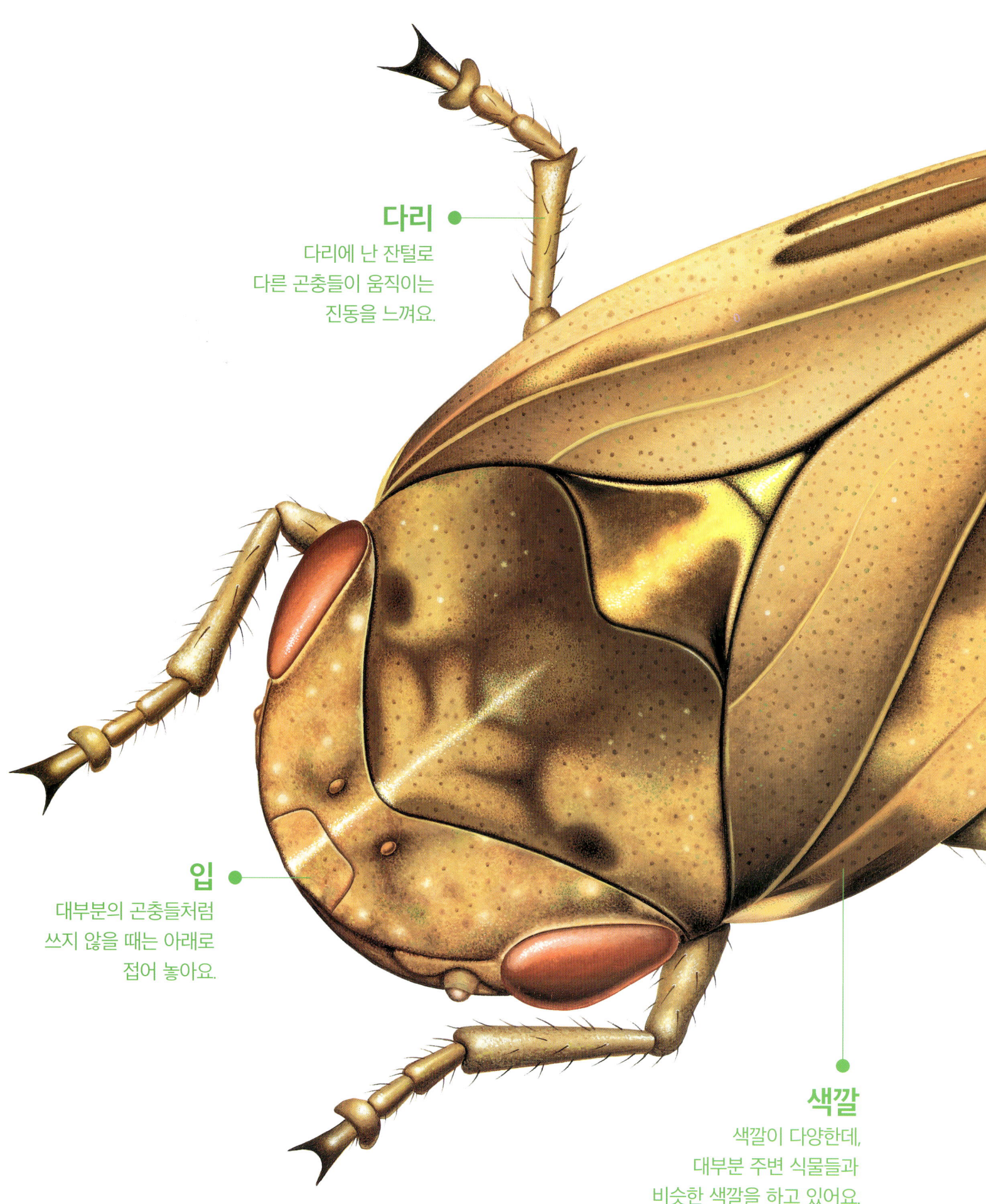

다리
다리에 난 잔털로 다른 곤충들이 움직이는 진동을 느껴요.

입
대부분의 곤충들처럼 쓰지 않을 때는 아래로 접어 놓아요.

색깔
색깔이 다양한데, 대부분 주변 식물들과 비슷한 색깔을 하고 있어요.

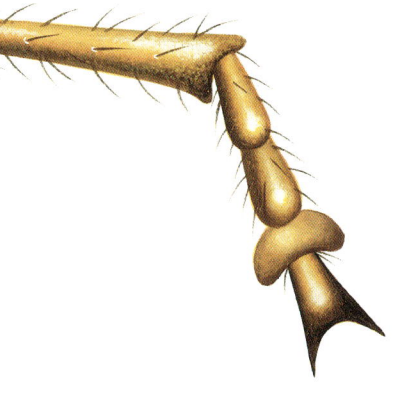

날개
단단한 날개는 몸통 전체를 보호하는 방패가 돼요.

쥐머리거품벌레 이야기

무당벌레는 진딧물을 잡아먹느라 정신이 없어요. 그래서 바로 옆의 이상한 거품 속에 무엇이 있는지, 전혀 알아채지 못했답니다. 사실 그 거품 안에는 쥐머리거품벌레 애벌레가 숨어 있었어요. 어린 쥐머리거품벌레는 찐득찐득한 거품을 내뿜어서 몸을 숨기는 재주가 있거든요. 숨이 막혀 죽지 않도록 방수가 되는 배 끝부분을 거품 밖으로 내민 채, 적이 사라질 때까지 가만히 기다려요. 어른벌레가 되면 재빨리 뛰어서 달아나지요.

쥐머리거품벌레의 특징

실제 크기 ▶

길이 : 0.5~2cm
먹이 : 나무즙
수명 : 약 6개월
사는 곳 : 몹시 추운 지역을 뺀 모든 곳

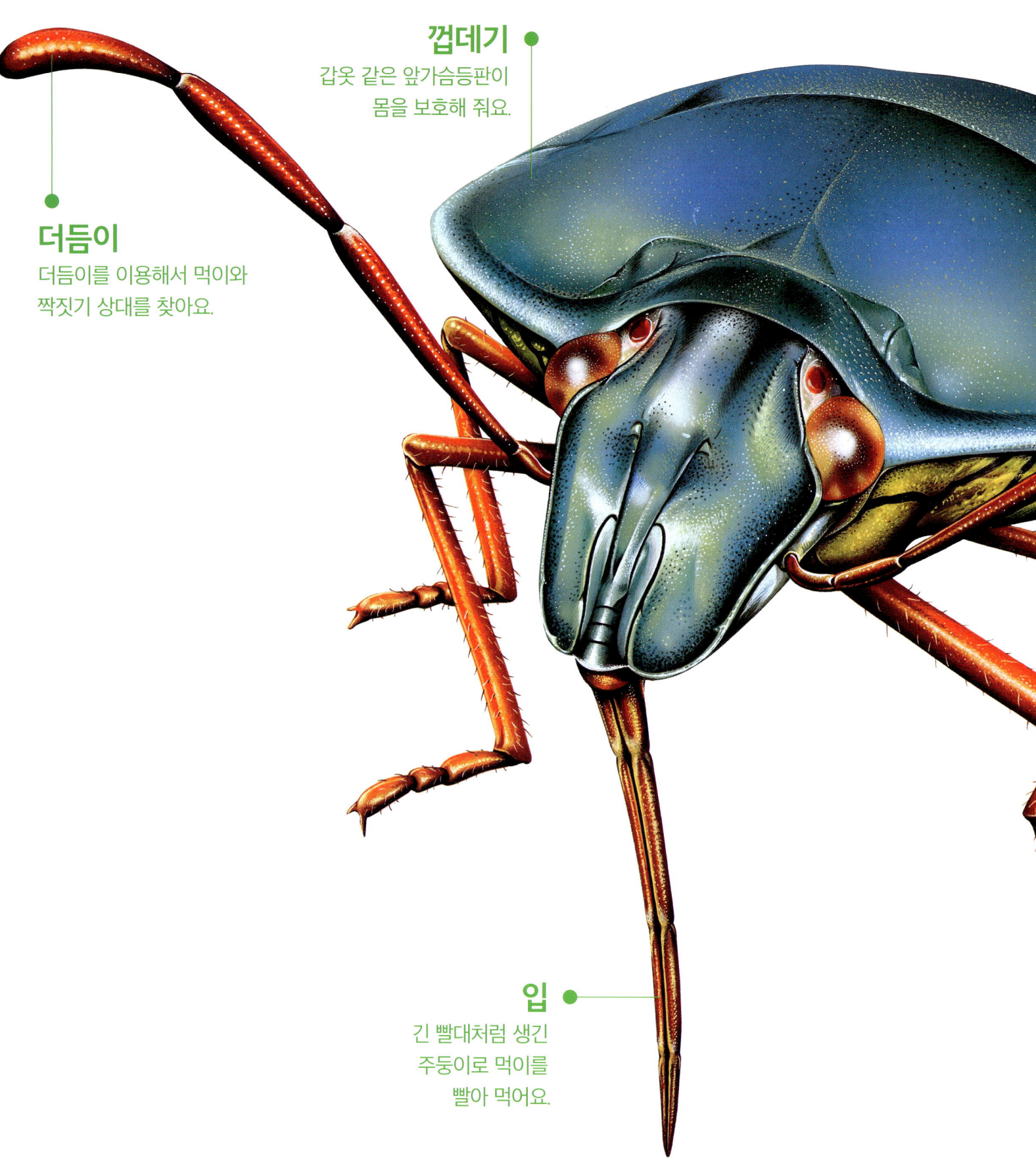

날개
앞날개가 뒷날개 위에 접혀 있어요.

다리
나뭇가지나 나뭇잎에 붙어 있을 때는 몸 밑에 쏙 접어 놓아요.

노린재 이야기

밝은 빛깔의 이 곤충은 새들이 아주 좋아하는 먹잇감이에요. 그래서 노린재는 몸에서 아주 고약한 냄새를 내뿜어요. "난 냄새처럼 끔찍하게 맛없는 곤충이야. 먹으면 후회한다고." 하고 경고하는 것이지요. 또 노린재는 다른 곤충들처럼 먹이를 구하기 위해 빠르게 움직이거나 힘들게 싸우지 않아요. 애벌레처럼 속도도 느리고 몸을 보호하는 수단도 없는 먹이만 골라서, 긴 주둥이를 꽂고 쪽쪽 빨아 먹지요. 매우 영리한 사냥꾼이랍니다.

노린재의 특징

실제 크기 ▶

길이 : 0.5~2.5cm
먹이 : 식물의 즙, 곤충
수명 : 최대 1년
사는 곳 : 몹시 추운 지역을 뺀 모든 곳

노린재목 06 침노린재 Assassin Bug

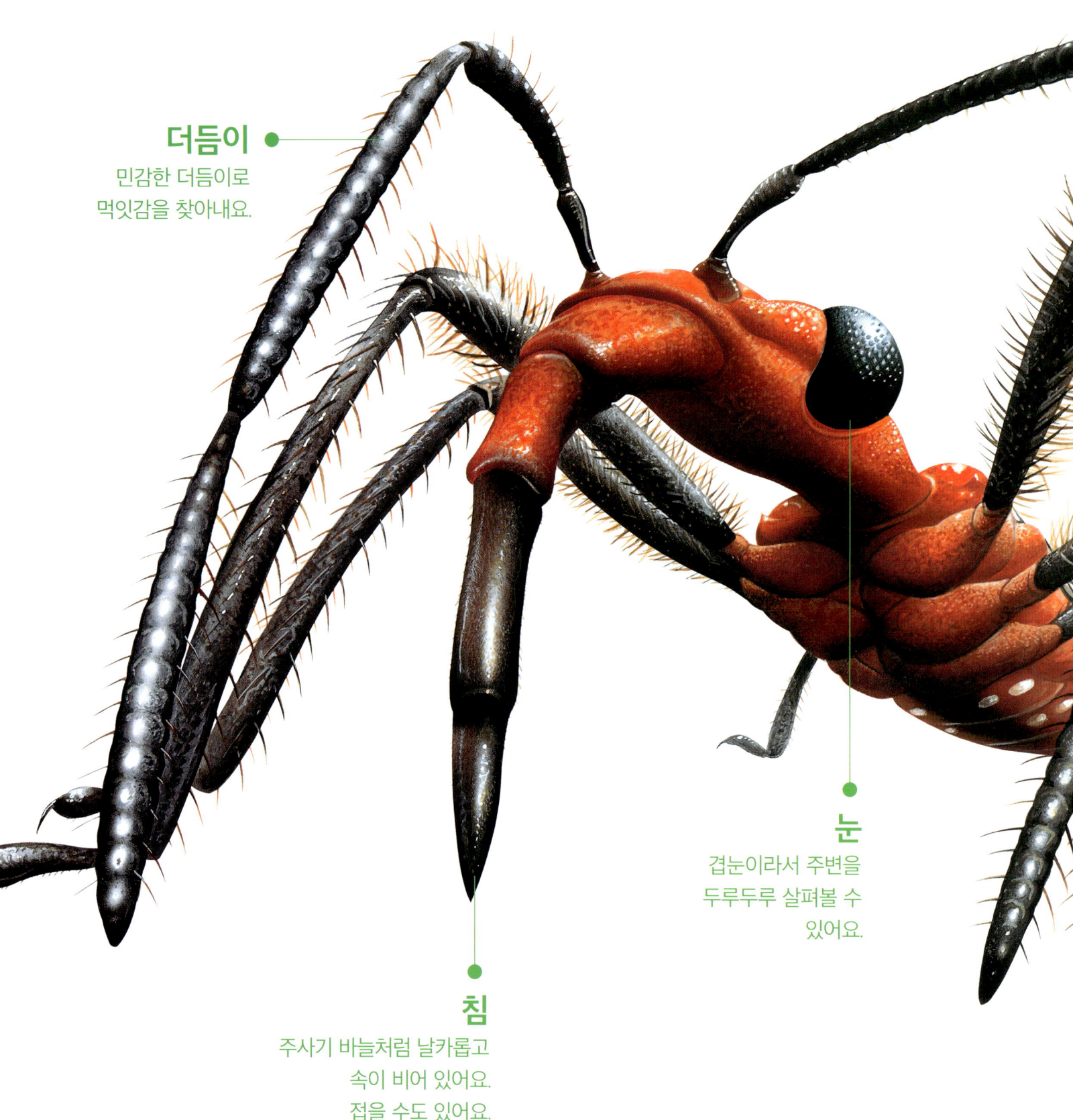

더듬이
민감한 더듬이로 먹잇감을 찾아내요.

침
주사기 바늘처럼 날카롭고 속이 비어 있어요. 접을 수도 있어요.

눈
겹눈이라서 주변을 두루두루 살펴볼 수 있어요.

다리

맨 앞다리 2쌍이 두껍고 힘이 세요. 이 다리로 먹잇감을 꽉 붙잡아요.

침노린재 이야기

침노린재는 꽃 위를 어슬렁거리면서 꿀을 마시러 찾아오는 곤충을 기다리고 있어요. 마침내 아무것도 모르고 다가온 벌이 꽃잎 위에 살포시 내려앉으면, 순식간에 길고 강력한 다리로 벌을 붙잡은 다음 벌의 몸에 날카로운 침을 박아요. 그러고는 몸을 마비시키는 독을 집어넣지요. 잠시 후 벌의 몸속이 녹기 시작해요. 그러면 침노린재는 빨대 같은 침으로 즙을 빨아 먹는답니다.

침노린재의 특징

실제 크기 ▶

길이 : 2.5~3cm
먹이 : 벌, 또는 꿀을 먹는 다른 곤충
무기 : 주사기 같은 침과 독, 소화 효소
사는 곳 : 전 세계

노린재목 07 사마귀침노린재 Ambush Bug

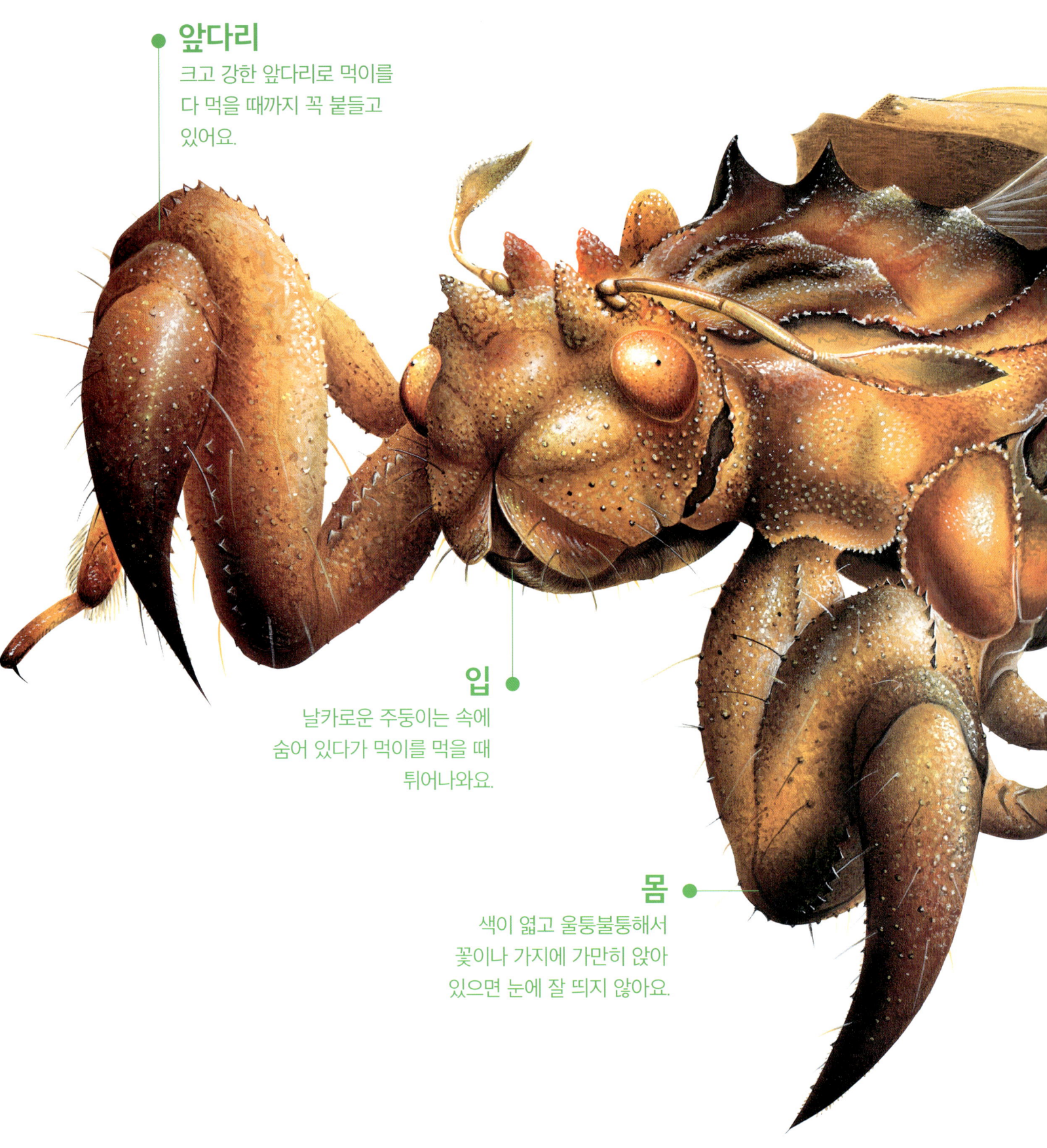

앞다리
크고 강한 앞다리로 먹이를 다 먹을 때까지 꼭 붙들고 있어요.

입
날카로운 주둥이는 속에 숨어 있다가 먹이를 먹을 때 튀어나와요.

몸
색이 옅고 울퉁불퉁해서 꽃이나 가지에 가만히 앉아 있으면 눈에 잘 띄지 않아요.

날개
2쌍의 날개가 있지만 멀리 날지는 못해요.

사마귀침노린재 이야기

사마귀침노린재는 숨어 있다가 공격하는 매복노린재 중 하나예요. 절대로 먹이를 쫓아다니느라 힘을 빼지 않고, 꽃 위에 가만히 앉아서 꿀을 찾아오는 곤충들을 기다리지요. 그러다 공격할 수 있는 거리 안에 누군가 들어오면, 사마귀처럼 생긴 크고 강력한 앞다리를 휘둘러서 순식간에 낚아채요. 깜짝 놀란 곤충은 달아나려고 날갯짓을 하지만, 아무리 노력해도 소용없어요. 사마귀침노린재는 한번 잡은 먹이는 빈껍데기만 남을 때까지 절대 놓아 주지 않는 잔혹한 사냥꾼이거든요.

사마귀침노린재의 특징

길이 : 종류에 따라 최대 1.2cm
먹이 : 근처에 다가오는 모든 곤충
수명 : 약 1년
사는 곳 : 오스트레일리아와 뉴질랜드를 뺀 열대와 온대 지역

실제 크기 ▲

노린재목 08 키싱버그 Kissing Bug

더듬이
마디마디 나누어진 더듬이로 먹이를 찾아요.

겹눈
시력은 좋지만 야행성이라서 보통 냄새로 먹이를 찾아요.

입
보통 때는 몸 안쪽으로 접혀 있다가 먹이를 먹을 때만 펴져요.

다리
피를 잔뜩 먹으면 몸이 무거워서 잘 날지 못해요. 대신 긴 다리로 빠르게 걸어요.

키싱버그 이야기

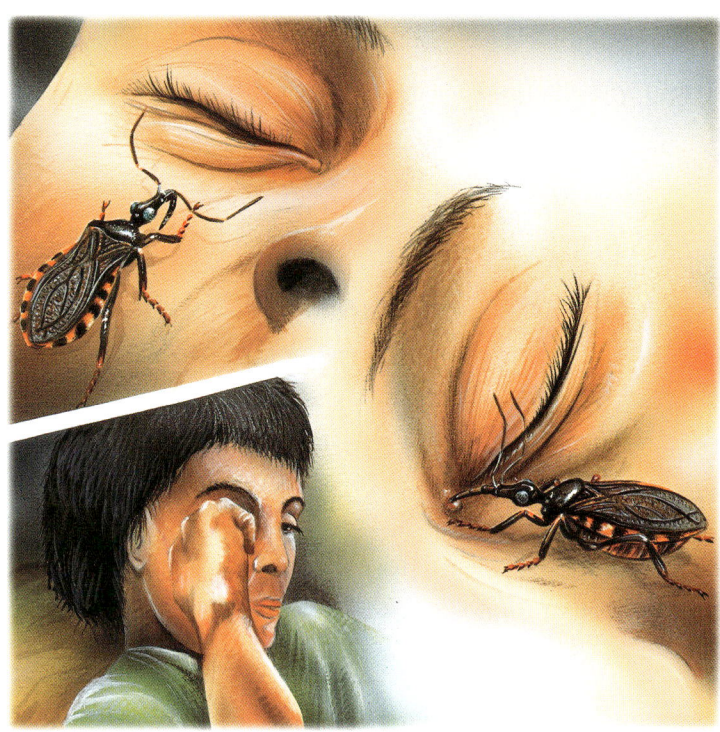

키싱버그는 포유류의 피를 빨아 먹는 흡혈 곤충이에요. 잠자는 사람의 눈이나 코, 입처럼 피부가 연한 곳에 빨대 같은 긴 주둥이를 꽂고 피를 빨아서 이런 이름이 생겼지요! 키싱버그는 무려 20분 동안 자기 몸무게보다 10배나 많은 피를 빨아 먹기도 해요. 게다가 다 먹은 뒤에는 세균이 가득한 똥까지 싸고 사라진답니다. 이 과정에서 '샤가스병'이라는 치명적인 전염병을 퍼트리기도 해서, 아주 위험한 곤충이에요.

배
배에서 샤가스병을 일으키는 미생물이 잔뜩 생겨요.

키싱버그의 특징

길이 : 2cm
먹이 : 신선한 피
수명 : 1년 이상
사는 곳 : 미국 남부, 중앙 및 남아메리카, 아시아, 아프리카

실제 크기 ▶

노린재목 09 **쌔기노린재** Damsel Bug

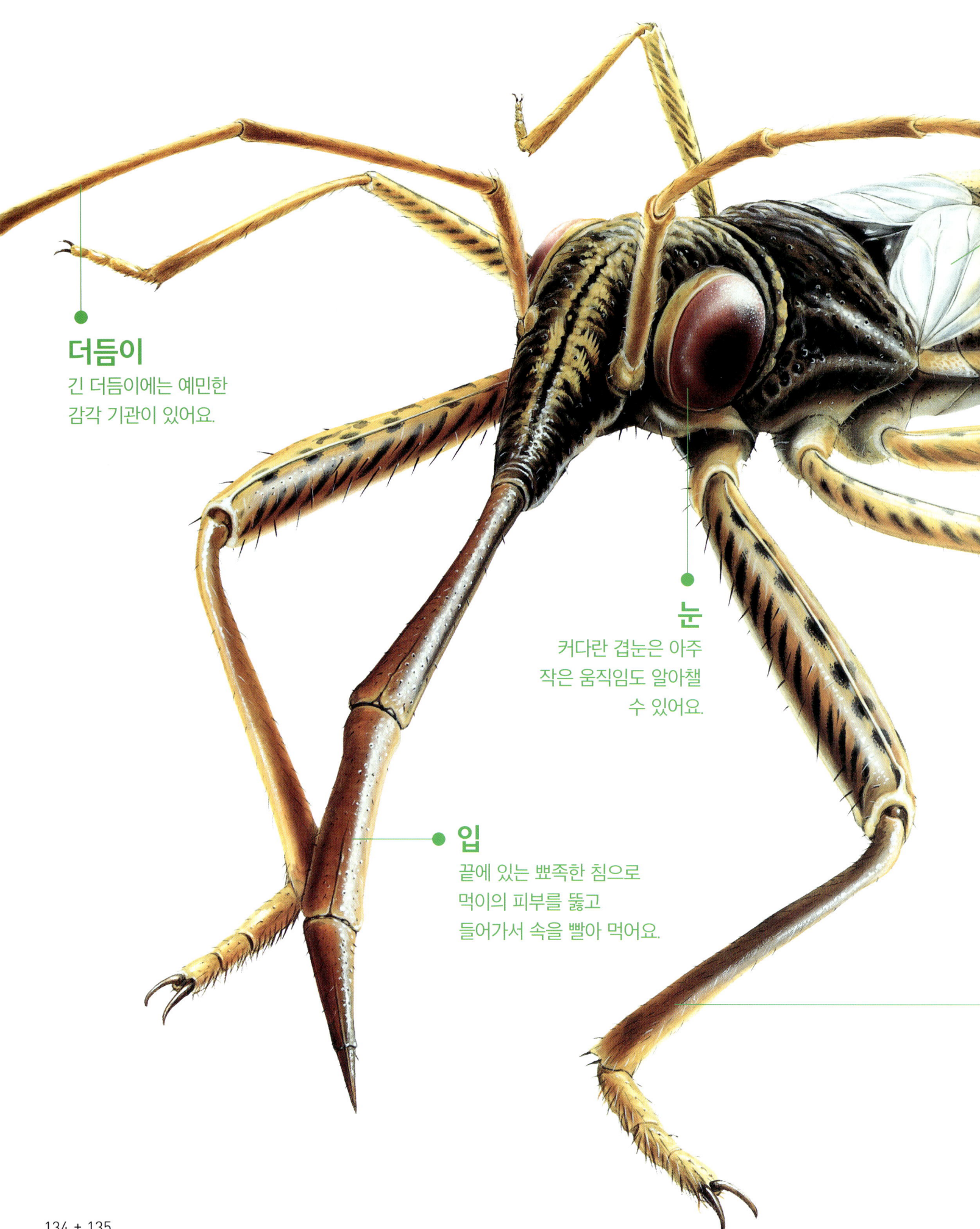

더듬이
긴 더듬이에는 예민한 감각 기관이 있어요.

눈
커다란 겹눈은 아주 작은 움직임도 알아챌 수 있어요.

입
끝에 있는 뾰족한 침으로 먹이의 피부를 뚫고 들어가서 속을 빨아 먹어요.

날개
대부분 생기다 말아서 주로 날지 않고 걸어 다녀요.

다리
강력한 앞다리로 자기보다 훨씬 큰 곤충도 잡을 수 있어요.

쐐기노린재 이야기

나뭇잎 사이에 속이 빈 곤충 껍질이 대롱대롱 매달려 있다면, 근처에 쐐기노린재가 있을지도 몰라요. 쐐기노린재는 못 먹는 곤충이 거의 없어요. 그래서 언제나 곤충이 사는 곳 주변을 어슬렁거리면서 기회를 노리고 있답니다. 특히 진딧물이나 애벌레는 손쉽게 사냥하고, 같은 쐐기노린재인데도 자기보다 작아 보이면 냉큼 잡아먹어요. 강력한 앞다리로 확 붙잡아서, 날카로운 주둥이를 푹 찔러 넣으면 끝이랍니다.

쐐기노린재의 특징

실제 크기 ▶

길이 : 5~7mm
먹이 : 진드기, 진딧물, 애벌레 등의 곤충
수명 : 애벌레로 1~2개월, 어른벌레로 2~3개월
사는 곳 : 아메리카, 유럽, 아시아

노린재목 10 넓적노린재 Flat Bug

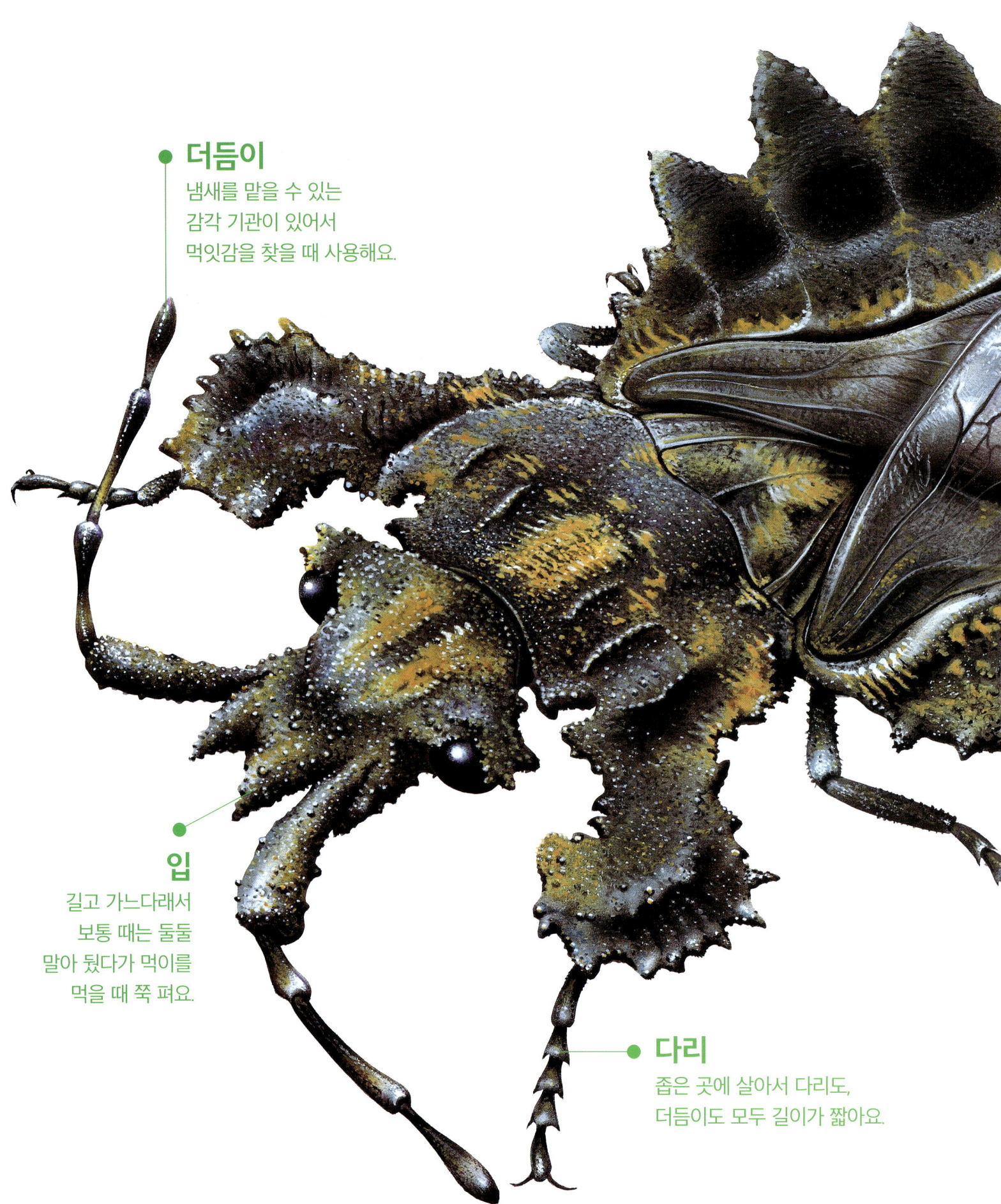

더듬이
냄새를 맡을 수 있는 감각 기관이 있어서 먹잇감을 찾을 때 사용해요.

입
길고 가느다래서 보통 때는 둘둘 말아 뒀다가 먹이를 먹을 때 쭉 펴요.

다리
좁은 곳에 살아서 다리도, 더듬이도 모두 길이가 짧아요.

껍데기
울퉁불퉁하고 매우 단단해요.

날개
한 쌍의 날개가 있지만 거의 날지 않아요.

넓적노린재 이야기

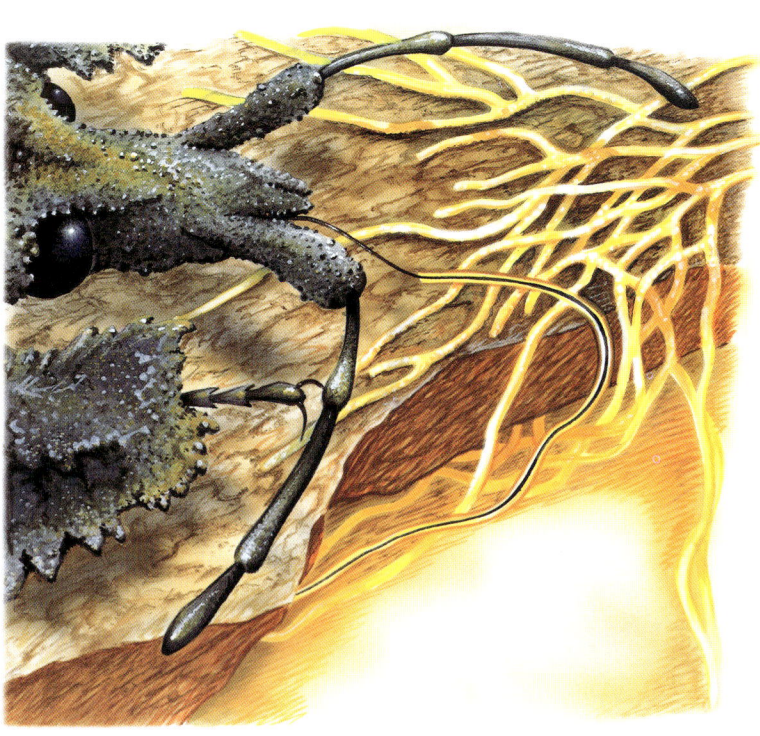

축축한 나무 밑동 아래에는 괴상하게 생긴 곤충이 살아요. 몸통이 넓적하고 울퉁불퉁해서 얼핏 보면 나무껍질처럼 보이지요. 넓적노린재는 마치 실처럼 길고 가느다란 주둥이를 가지고 있어요. 보통 때는 긴 주둥이를 둘둘 말아서 머리 앞쪽 주머니에 넣어 뒀다가 배가 고프면 천천히 뻗어서 먹이 속에 밀어 넣지요. 주둥이가 아주 가늘고 유연해서, 나무 깊숙이 있는 먹이도 찾아낼 수 있답니다.

넓적노린재의 특징

길이 : 9~14mm
종류 : 약 1,800종
먹이 : 버섯 같은 균류
사는 곳 : 몹시 추운 지역을 뺀 모든 곳

실제 크기 ▲

노린재목 11 소금쟁이 Water Strider

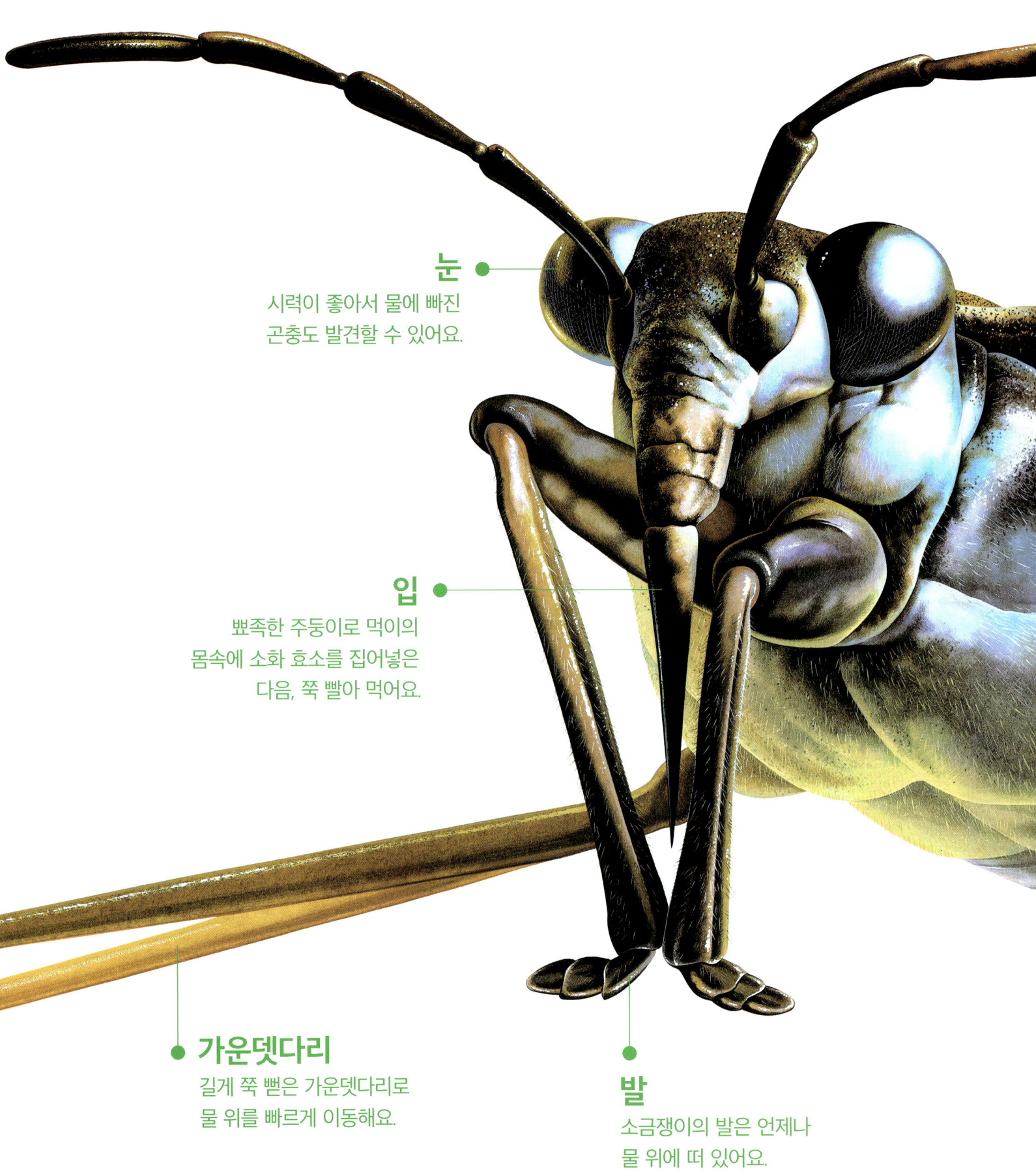

눈
시력이 좋아서 물에 빠진 곤충도 발견할 수 있어요.

입
뾰족한 주둥이로 먹이의 몸속에 소화 효소를 집어넣은 다음, 쭉 빨아 먹어요.

가운뎃다리
길게 쭉 뻗은 가운뎃다리로 물 위를 빠르게 이동해요.

발
소금쟁이의 발은 언제나 물 위에 떠 있어요.

소금쟁이 이야기

소금쟁이는 빼빼 말라서 약해 보이지만, 알고 보면 영리한 사냥꾼이랍니다. 물 위에 떠서 느긋하게 시간을 보내다가, 물에 빠진 곤충이 보이면 재빨리 가서 잡아먹거든요. 소금쟁이는 길게 쭉 뻗은 가운뎃다리로 노를 젓고 뒷다리로 방향을 조종하면서, 1초에 1m나 움직일 수 있어요. 그리고 먹이를 붙잡으면 마치 주삿바늘을 꽂는 것처럼 뾰족한 주둥이를 찔러 넣고, 그 속으로 강력한 소화액을 집어넣어요. 그러면 먹이의 몸속이 먹기 좋게 흐물흐물 녹아 버리지요! 쪽쪽 맛있게 빨아 먹고 나면 먹이는 텅 빈 껍데기만 남는답니다.

소금쟁이의 특징

▲ 실제 크기

길이 : 1~2cm
먹이 : 죽거나 물에 빠진 곤충
수명 : 1~2년
사는 곳 : 남극을 뺀 거의 모든 곳

털
은빛의 가느다란 털이 물에 젖는 것을 막아 줘서, 물에 빠지지 않아요.

노린재목 12 물장군 Giant Water Bug

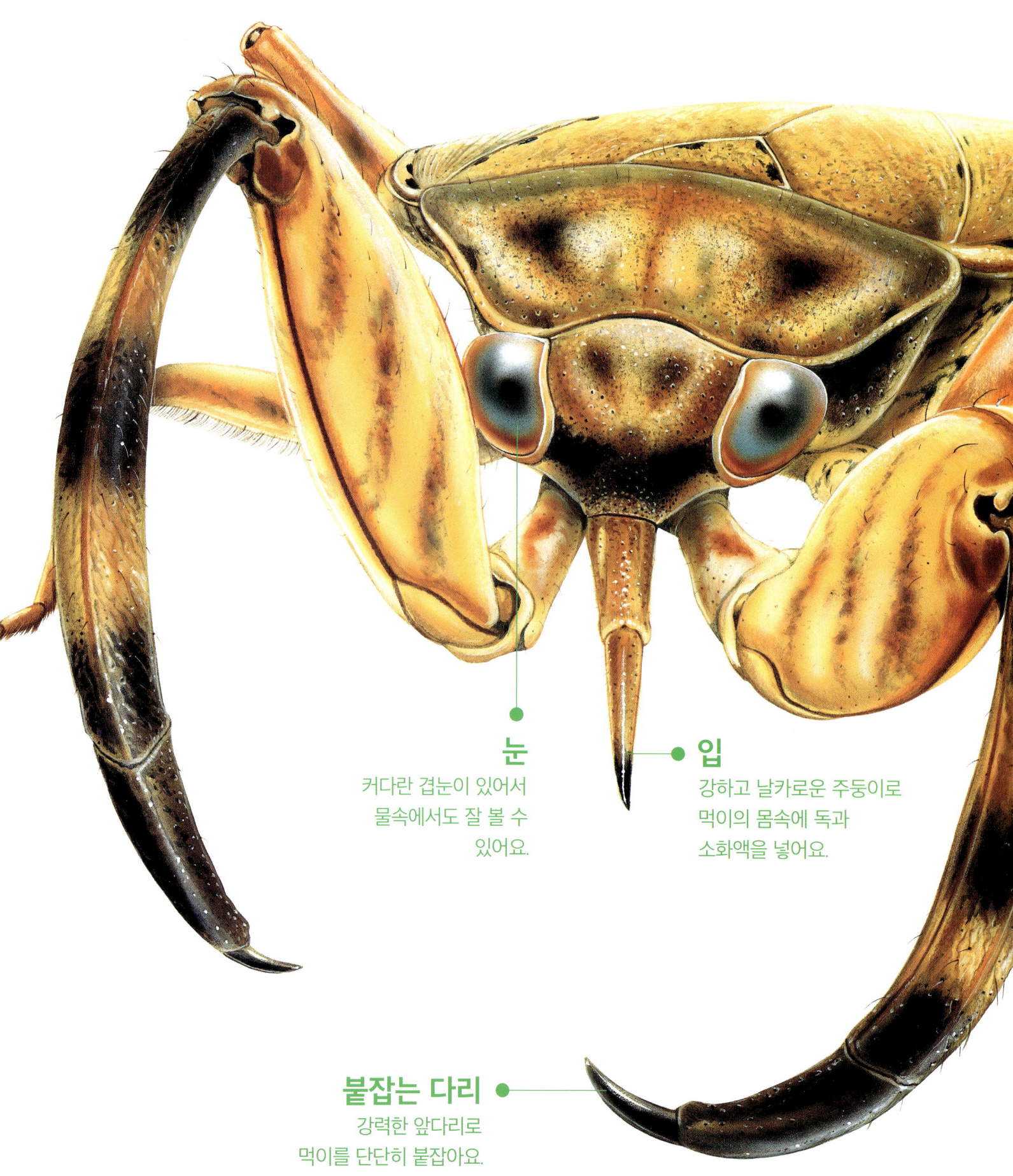

눈
커다란 겹눈이 있어서 물속에서도 잘 볼 수 있어요.

입
강하고 날카로운 주둥이로 먹이의 몸속에 독과 소화액을 넣어요.

붙잡는 다리
강력한 앞다리로 먹이를 단단히 붙잡아요.

날개
물속에서도 숨을 쉴 수 있도록 등을 덮고 있는 날개 안에 공기 방울을 가둬 놓아요.

헤엄치는 다리
평평하고 털이 많아서, 물을 밀면서 앞으로 쭉 나아갈 수 있어요.

물장군 이야기

물장군은 민물에 사는 곤충 중 가장 크고 힘이 세요. 다른 곤충들은 물론이고 자기보다 큰 물고기와 황소개구리, 물뱀, 물새까지 사냥할 정도랍니다. 물장군은 먹이를 발견하면 잽싸게 쫓아가서 강력한 앞다리로 꽉 붙잡은 뒤, 주삿바늘처럼 뾰족한 주둥이를 꽂아서 흐물흐물해진 속을 쪽쪽 빨아 먹어요. 가끔 사람의 발가락을 먹이로 착각해서 공격하기도 하는데, 상당히 아프니까 조심하세요!

물장군의 특징

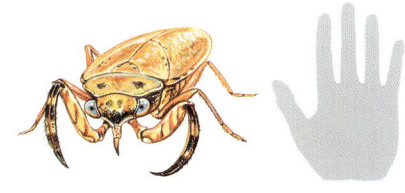

길이 : 최대 15cm
먹이 : 곤충, 물고기, 개구리, 작은 물새
무기 : 강력한 앞다리, 독과 소화 효소
사는 곳 : 아메리카, 아시아, 아프리카의 늪이나 연못, 습지

노린재목 13 장구애비 Water Scorpion

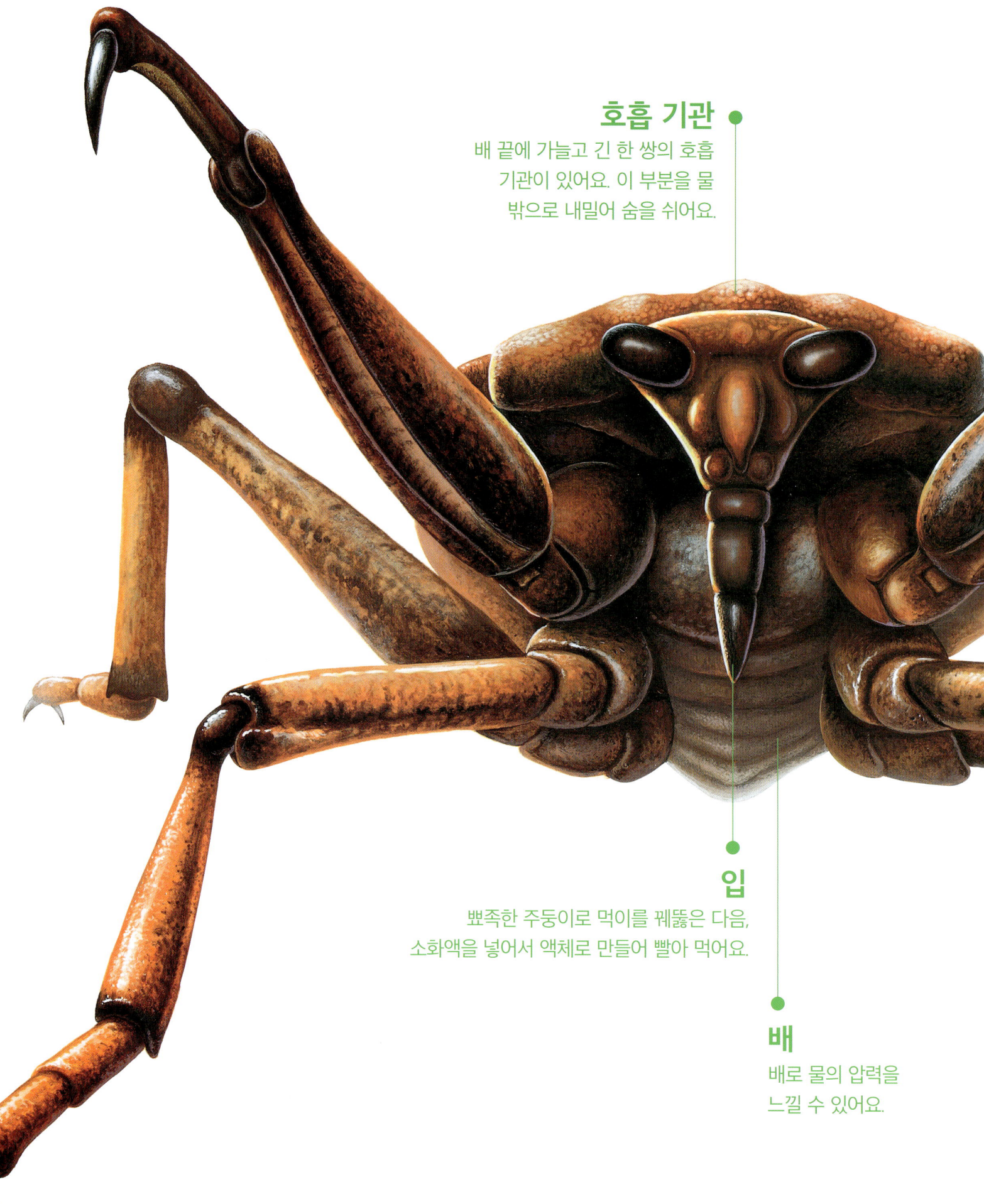

호흡 기관
배 끝에 가늘고 긴 한 쌍의 호흡 기관이 있어요. 이 부분을 물 밖으로 내밀어 숨을 쉬어요.

입
뾰족한 주둥이로 먹이를 꿰뚫은 다음, 소화액을 넣어서 액체로 만들어 빨아 먹어요.

배
배로 물의 압력을 느낄 수 있어요.

다리
앞다리로 먹이를 붙잡고, 가운뎃다리와 뒷다리는 걷거나 식물을 기어오르는 데 써요.

장구애비 이야기

장구애비는 연못이나 도랑에 사는 수서 곤충이에요. 물 위에서 앞다리로 참방거리는 모습이 즐겁게 장구를 치는 것 같다고 해서 이런 이름이 생겼지요. 장구애비는 보통 물속에서 자라는 풀에 거꾸로 매달린 채 호흡 기관만 물 밖으로 내놓고 있어요. 그러다가 먹잇감이 보이면 번개처럼 달려들어요. 주둥이 끝이 날카로워서, 물고기 비늘이나 곤충 껍질도 쉽게 뚫을 수 있답니다. 장구애비에게 몸속을 빨아 먹힌 먹이는 껍데기만 남아서 물속을 떠돌게 돼요.

장구애비의 특징

실제 크기 ▶

길이 : 수컷 1.5~1.8cm, 암컷 2~2.3cm
먹이 : 작은 물고기, 올챙이, 곤충, 애벌레
사는 곳 : 남극을 뺀 모든 곳의 연못, 습지, 개울

노린재목 14 두꺼비장구애비 Toad Bug

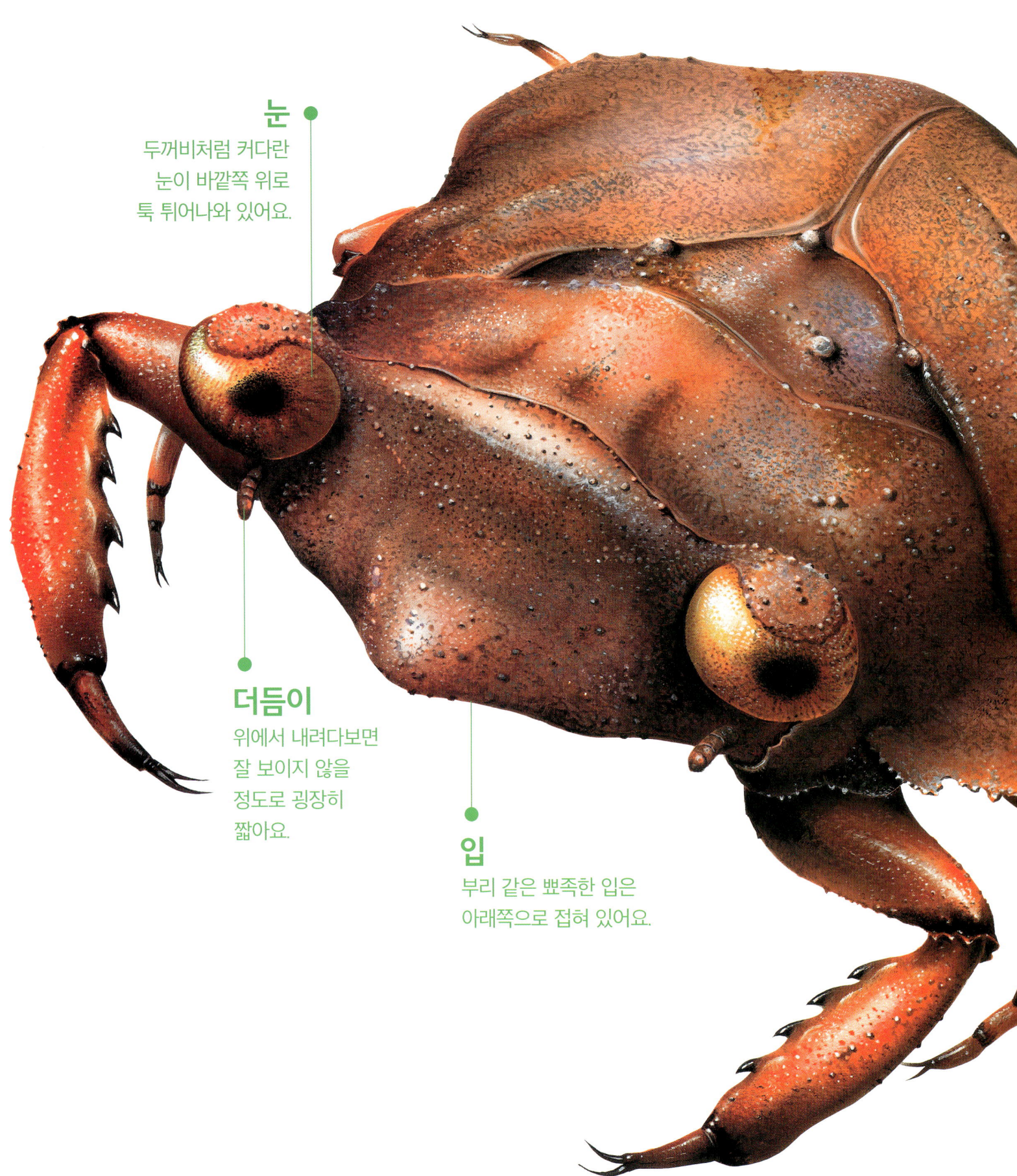

눈
두꺼비처럼 커다란 눈이 바깥쪽 위로 툭 튀어나와 있어요.

더듬이
위에서 내려다보면 잘 보이지 않을 정도로 굉장히 짧아요.

입
부리 같은 뾰족한 입은 아래쪽으로 접혀 있어요.

몸통
거친 반딱지날개가 둥글고 납작한 몸을 덮고 있어요.

뒷다리
길고 날씬한 뒷다리로 펄쩍 뛰어올라서 먹이를 덮쳐요.

두꺼비장구애비 이야기

두꺼비장구애비는 이름처럼 두꺼비랑 많은 점이 비슷해요. 크고 툭 불거진 눈이나 거친 피부, 펄쩍펄쩍 뛰는 모습을 보면 왜 이런 이름이 생겼는지 알 수 있지요. 두꺼비장구애비는 먹잇감을 발견하면 슬금슬금 다가가서 갑자기 펄쩍 뛰어올라요. 그리고 번개처럼 빠르게 먹이를 붙잡는답니다. 하지만 두꺼비와는 다르게 덩치가 작아서 먹이를 한입에 삼킬 수는 없어요. 대신 먹이에 날카로운 주둥이를 꽂아서 몸속을 녹여 먹지요.

두꺼비장구애비의 특징

길이 : 6~15mm
먹이 : 곤충 또는 미생물
수명 : 1~2년
사는 곳 : 전 세계의 개울과 연못

실제 크기 ▲

노린재목 15 빈대 Bedbug

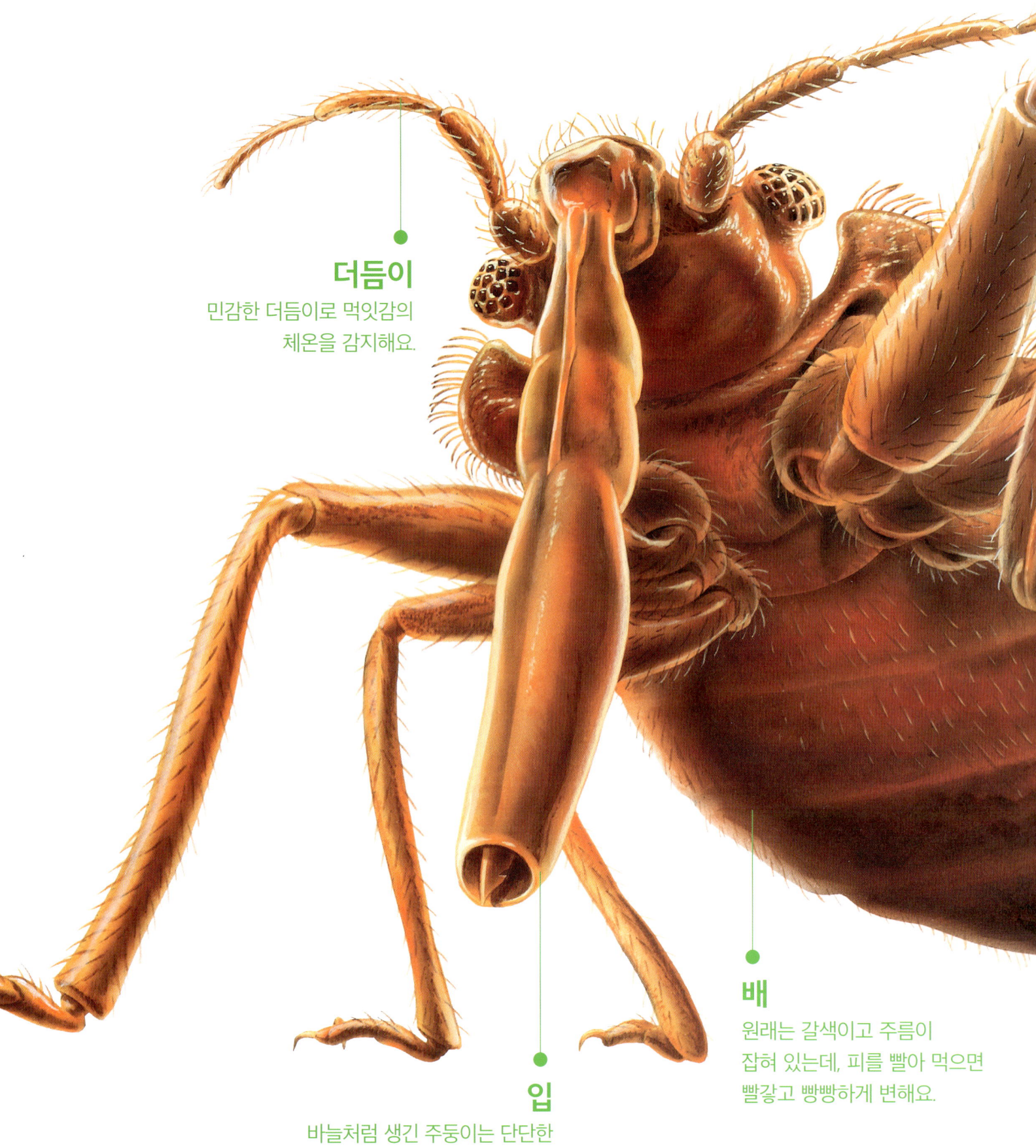

더듬이
민감한 더듬이로 먹잇감의 체온을 감지해요.

입
바늘처럼 생긴 주둥이는 단단한 덮개로 덮여 있어요. 보통 때는 몸 아래로 접어 놓아요.

배
원래는 갈색이고 주름이 잡혀 있는데, 피를 빨아 먹으면 빨갛고 빵빵하게 변해요.

발

발끝에 2개의 갈고리가 있어서 거친 곳도 잘 기어오를 수 있어요.

빈대 이야기

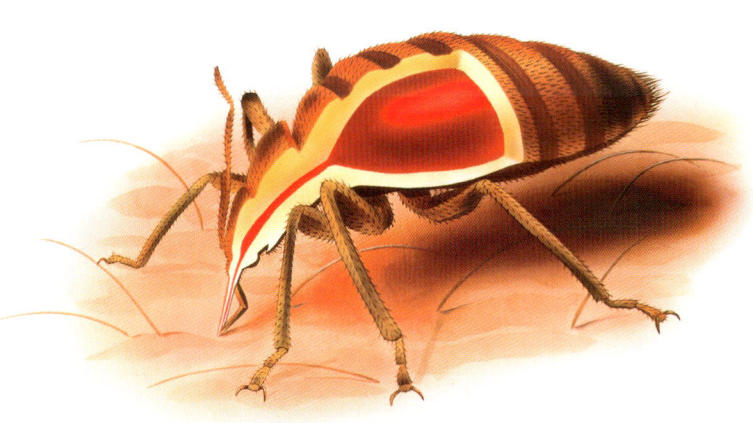

빈대는 뱀파이어 같은 곤충이에요. 사람의 피를 빨아 먹거든요! 빈대는 밤이 되면 작은 겹눈으로 바깥이 깜깜해졌는지 확인한 다음, 조심스럽게 나와서 잠자는 사람의 목으로 다가가요. 그러고는 마치 주사기로 피를 뽑는 것처럼 사람의 따뜻한 피를 쪽쪽 빨아 먹는답니다. 홀쭉했던 몸은 순식간에 빨간색 풍선처럼 부풀어 올라요. 빈대는 자기 몸의 5배나 되는 양의 피를 마실 수 있거든요. 배가 빵빵해진 빈대는 뒤뚱거리면서 자기 집으로 돌아가요. 빈대의 집은 바로 사람한테 다가가기 쉬운 침대 매트리스 속이나 나무 창틀 속 같은 곳이랍니다.

빈대의 특징

길이 : 4~5mm
먹이 : 신선한 피
수명 : 6~18개월
사는 곳 : 사람과 동물이 사는 모든 곳

실제 크기 ▲

노린재목 16 선녀벌레 애벌레 Flatid Planthopper

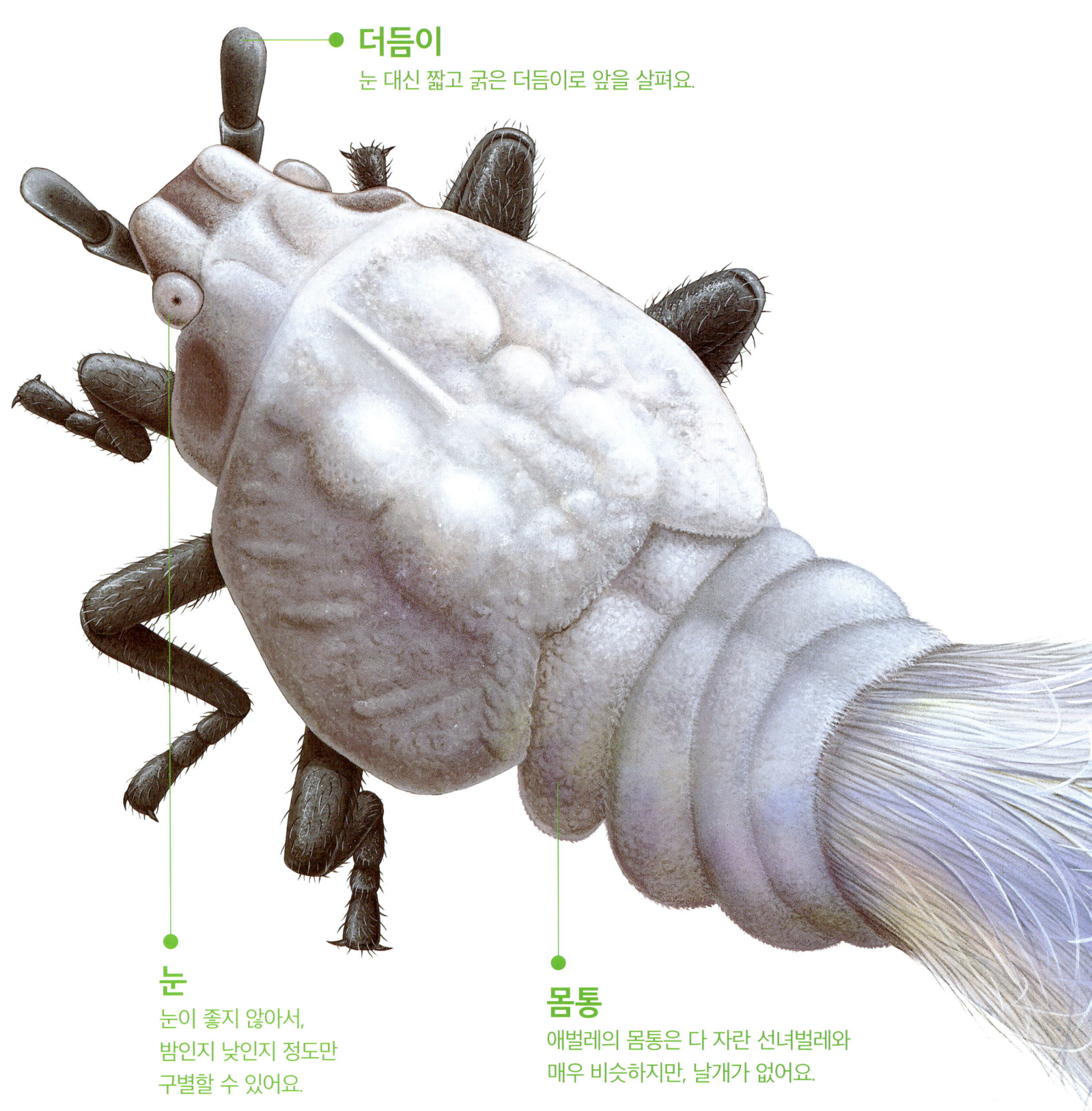

더듬이
눈 대신 짧고 굵은 더듬이로 앞을 살펴요.

눈
눈이 좋지 않아서, 밤인지 낮인지 정도만 구별할 수 있어요.

몸통
애벌레의 몸통은 다 자란 선녀벌레와 매우 비슷하지만, 날개가 없어요.

꼬리
긴 꼬리 덕분에 식물에 자라는 이끼처럼 보여요.

선녀벌레 애벌레 이야기

선녀벌레 애벌레는 작고 약해서 다른 동물들이 아주 좋아하는 먹잇감이에요. 그래서 이 애벌레는 자기 몸을 지킬 수 있는 두 가지 방법을 찾아냈어요. 바로 '이끼인 척하고 숨어 있기'랑 '깜짝 놀라게 하기'예요! 애벌레들이 떼로 모여 있으면 마치 이끼처럼 보이거든요. 그러다가 만약 들키면, 그때는 갑자기 꼬리를 활짝 펼쳐서 적을 놀라게 해요. 순식간에 기습 공격을 당한 적들은 다른 먹이를 찾아 떠날 수밖에 없지요.

선녀벌레 애벌레의 특징

길이 : 최대 2.5cm
먹이 : 새잎의 즙
수명 : 애벌레와 어른벌레로 몇 개월씩
사는 곳 : 열대와 온대 지역

실제 크기 ▲

노린재목 17 진딧물 Aphid

뿔관
2개의 뿔관에서 몸을 보호하는
물질을 뿜어내요.

입
식물에 빨대처럼 길고
가느다란 주둥이를
꽂아서 즙을 빨아 먹어요.

발톱
다리 끝에 달린 작은 발톱으로
식물을 단단히 붙잡아요.

날개
투명한 날개가 있지만 약해서 멀리 날지 못해요.

진딧물 이야기

진딧물은 엄청난 속도로 새끼를 퍼트려요. 암컷 혼자서도 자신과 똑같은 새끼를 몇백 마리나 만들 수 있고, 수컷과 짝짓기해서 알을 낳기도 하거든요. 한 마리가 수백 수천 마리로 불어나는 것은 일도 아니지요.

① 무더운 여름, 진딧물 암컷이 자신을 복제해서 새끼를 만들어 냈어요. 이렇게 태어난 암컷은 똑같은 과정을 반복하며 자손을 퍼트려요.
② 가을이 되면 암컷은 수컷과 짝짓기를 하고, 알을 낳아서 줄기에 붙여 놓아요.
③ 겨울이 지나 봄이 되면 알에서 애벌레가 나와요.
④ 애벌레는 어른벌레가 되면, 여름을 보낼 식물로 날아가요.

진딧물의 특징

길이 : 1~6mm
먹이 : 장미, 감자, 나무 등 다양한 식물의 즙
수명 : 며칠에서 몇 주 정도
사는 곳 : 전 세계

실제 크기 ▶